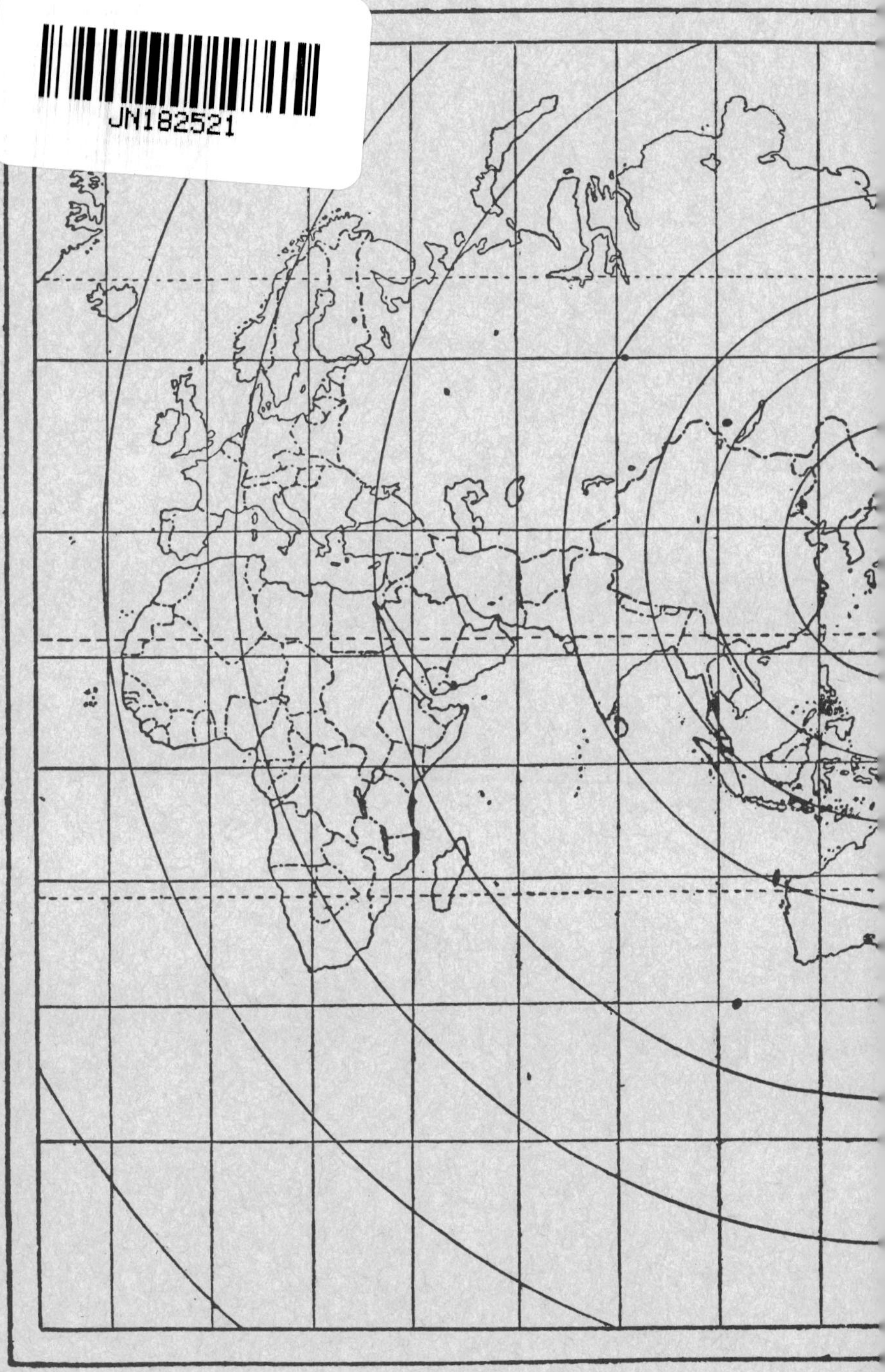

仲小路　彰著

南洋白人搾取史

世界興廢大戰史
東洋戰史
第二十三卷

戰爭文化研究所

仲小路彰は「世界興廃大戦史」全百二十一巻を計画し、その内の四十三巻を出版した。本書はその中の一部である。

本書の内容の一部に、現在では不適切な表現があるが、復刻版としてそのまま収録した。

序

寛永十二年（西暦一六三五年）徳川幕府は、國内に對しては、幕政強化のため海外發展を主張する者を彈壓し、外に對しては、イギリス、オランダのアジア侵略のための日本の南進阻止の謀略に陷り、遂に南船の外航を禁ずる鎖國令を下した。

これより先き、すでに三百年の間、わが八幡船の發展は、支那、朝鮮、北滿の沿岸はもとより、南支那海よりマラッカ海峽より、遠く藍青のインド洋より赤褐の沙漠のアフリカの海邊に進み、また鮮やかに南十字星の輝く熱帶の海を縱横に奔驅し、或は鬱々たるジャングルの奥深く小舟を入れては鰐魚や猛獸と鬪ひ、或は椰子林の下に人食人種を征し、凶暴これにもまさる白人海賊等と抗爭して粉碎擊破し、或は凌霄花やマンゴーの薰高き南洋の樂園に美しい南方の愛の歌を口ずさみ、典雅なる上代神話の傳統をそのまゝに殘す舞踊に醉ひ、ガメラン音樂の恍惚たる情調に血の共鳴を感じ、――かくして日本の南方ルートは、上代日本の大いなるアジア太平洋圏の復興の歡喜をもたらすものであつた。

――かの年老いし苔むす海龜は、遙かに古りし年月の中を貫きかよふ歴史の象徴であり、それに導かれて、わが浦島太郎は、遠く南方の海の彼方――珊瑚礁のあでなる宮に、日本を待ち焦がるゝ乙姫の美しき心に自らの血のつながりを感じたのであつた。その乙姫の彼に託せし玉手箱こそ、まさに彼女が日本に求むる切なる願ひであり、――それを彼女は日本の最高の御稜威に獻げんとしたのであつた。しかも浦島太郎の南方における大いなる事實を、無知なる心なき人々は虚僞の夢と嘲笑して、この依託のことを達せしめず、遂に玉手箱は決して自ら開くべからざるに拘らず、彼がこれを開くや、哀れ、その中より白き煙のみ空しく天に上る――これこそ、乙姫の求むる愛の力は現實には來らずして、ただ遠き日への悲しき「希望」としてのみ煙となりて空しく幻滅せるものであつた。乙姫の日本復歸の切なる願望は、今になほ煙のごとき希望、幻想としての潮騷の上を狹霧のやうに漂ふのである。

乙姫の華麗なる珊瑚の島々は、恐るべき狂嵐、白馬のごとき風浪のために破壊されつゝある。その美しい文化も、その豊かなる生活も、凶暴なる力によつて搾取、強奪され、一切のものは海の藻屑のごとく失はれんとするのである。――かくして乙姫の日本に寄する南の願望は、ただ一抹の煙として遂に消滅し去つたのであらうか？

しかしモンスーンの荒き波風をしのぎて、蒼白の月光の下にも、かの年老いし青龜は、忘られぬ上代日本の回想と歴史とを大洋の中に描きながら、熱帶より日本へ、日本より熱帶へ――黒潮の大いなる環流に身を託しつゝ、かの八幡船のごとき日本の艦船隊の姿を、今か今かと、長く長く待望し續けるのである。

かくして長き時代はうつり、南洋の海に白人の海賊船は、凶猛なる白鯨のやうに荒れまはり、慘澹たる血と土との悲劇を現出した。

救ひを求むるインドネシアの人々は、今や、そのオランダ本國の滅亡と共に、始めて解放と復歸の日の來らんことを熱望する。インドネシアのためのインドネシア――大東亞圏確立の要求――澎湃として南洋の潮は輝しき光りに高鳴る。

しかも一九四一年一月七日――インドネシア民族運動の指導者たる、モハメッド・タムリンは、オランダ官憲のため不法なる家宅捜索をされ、しかも四日後に、突如、死亡したのであつた。なほこの時、さきに蘭印獨立運動をなし、ニューギネアに流刑せられたことのあるドーエス・デッゲルも、家宅捜索され、彼が過去の運動の經歷と、またバタビアの日本人商工會議所の書記をなせるため、日本人と通謀せるものとして、在蘭印のドイツ人及びオランダ・ナチスの收容所たる北スマトラのガウイの流刑所に送られたのであつた。かく親日インドネシア人は甚しき壓迫を蒙り、日本人との接近を極度に警戒し遮斷せんとするのである。

アメリカ、イギリス、ユダヤの結成機關たるオランダ政廳は、あくまでも日本を中心とする大東亞圈建設に反對し、極力その軍備を大擴張し、日蘭會商にて強硬に日本提案を拒否しつゝある。――この緊迫せる狀況において、まさに日本の斷乎たる態度の急速なる實現こそが、幾百年に亙る白人侵略と植民地搾取の苦悶の中より、數千萬のインドネシア人を救出し、さらにアメリカのアジア太平洋圈に對するあくなき野望を切斷し、太平洋の波高きを靜める唯一の正しき決定的方法である。

大東亞共榮圏を確立すべき日蘭會商は遂に決裂し、使節團の引揚げに決し、六月十八日正午日蘭交渉打切りに關し、情報局は次の如く發表した。

最近蘭印を繞る情勢は客年九月以來バタビアにおいて續行し來れる日蘭經濟交渉の圓滿なる進捗を困難ならしむるにいたり、六月六日和蘭側代表より回答ありたる程度の內容のものにては、此際特に國際協定となすに足らずと認め、帝國政府は今次交渉を打切ることに決し芳澤使節に對し歸朝命令を發したり。

（石井情報局第三部長談）

帝國政府は夙に昭和十四年十一月日蘭印經濟交渉開始方オランダ政府に提議しその原則的同意を取付けたる上、取敢ずわが方提案要綱を內示すると共に具體的交渉開始方に付東京・ヘーグおよびバタヴィアにおいて屢次蘭側と折衝を遂げたのであるが、昭和十五年五月歐洲戰爭は遂にオランダ本國に波及し蘭印も從つてその影響を蒙むるに至り、帝國として無關心たり得ない情勢を展開したので、帝國政府はオランダ政府に對し日蘭印間經濟協力關係確立に關する交涉の至急開始を要求した。

當時の情勢を回顧するに、オランダ政府はロンドンに移轉し英國と同盟關係に立つて戰爭遂行に邁進することとなり、蘭印經濟も從つて戰爭目的に動員せられる結果、日蘭印經濟關係は重大なる惡影響を蒙むる形勢にあつた、帝國政府としては國防國家建設の途上にあつて蘭印資源に對する期待は益々加重するは明かであり、早きに及んで不可缺の資源を確保すると共に進んで日蘭印經濟協力關係を確立して、東亞の安定を圖るの要切なるものがあつたので、不取敢和蘭政府に對し客年五月當時の情勢において蘭印に期待する重要物資に付その對日供給の保障を要求しこれに對し、オランダ政府は蘭印の對日經濟關係は依然圓滑に繼續すべき旨を確言し、積極的協力實踐の意圖を明かにした。

帝國政府は日蘭間の叙上の合意を基礎にバタヴイアにおいて客年九月以來經濟交涉を續行しその圓滑なる妥結に多大の努力を拂つて來たのである。日蘭印交涉は單に物資獲得問題のみならず一般通商關係の增進、邦人の蘭印入國、從業、企業投資、海運、航空及び通信連絡等相當多岐に亙るものであるが、是等の事項、特に航空連絡の如き既に第三國と蘭印の間に實施中であり、企業投資にしても石油事業の如く英米資本の活躍目覺しきものあり、何れも第三國に對して極めて寛大に許可せられ居る所である。從つて帝國政府の要求も極めて合理的なもので豐富なる蘭印資源の開發に參加することと、これに伴ふ邦人の蘭印渡航、從業、開發物資の輸送のための邦船不開港地寄航および一部沿岸航路の開放ならびに現地邦人漁業の發展等何れも日蘭印經濟協力關係促進の基礎に立てば解決容易のものである。

之に對し蘭印政府はその政策の基調が蘭印住民の進歩、繁榮および解放にあることを强調してゐるが、我方提案が何等右と牴觸せざるものであることは明かである。

しかるに最近經濟戰の激化と共に蘭印を繞る客觀的情勢は交渉の圓滿なる進捗を困難ならしむるにいたり、六月六日のオランダ側回答は甚だ不滿足なるのみならず、殊にわが方の重視する必需物資獲得の問題についてはオランダ側の都合により隨時その數量を減少し得るものとなすことを主張してゐる、この問題については從來度々オランダ政府および蘭印當局の約束乃至言明があることでもあり、今次蘭印側回答の如き內容にては此の際特に國際協定となすに足らざるものと認め、會商は之を打切り代表部を引上げることに決し芳澤使節に對して歸朝命令が發せられた次第である。

併し帝國としては其の公正なる主張は依然之を堅持することは言ふを俟たぬ所である。尙今回の會商打切りに依つて日蘭印間の平常關係は今後も何等影響を受けるものではない。

著者識

目次

第一篇　日本南方圏と鎖國

第一章　鎖國の前夜

日本の八幡船隊の南洋への進出は、西歐の南洋侵略に對する最大の敵であり、その強力なる抵抗のために、容易に彼等は自らの慾望を充足し得なかつた。かくして彼等は日本に對し、妥協的なる懷柔政策に出で、或は宗教をもつて、或は利益をもつて、日本を欺瞞せんとするのであつた。

慶長五年、西暦一六〇〇年には、オランダ人ヤン・ヨーステン、イギリス人ウイリアム・アダムス等が堺浦に來航した。翌慶長六年には、安南は日本に對し通商を求め、西歐の侵入に抗するため援助を要望した。

慶長八年には、一月に呂宋は方物を我に献じ、東埔寨もまた方物を送り來つた。

當時、朱印船の發遣地は十九にて――六坤、太泥、新州、天南、田彈、滿剌加、臥亞、呂宋、亞媽港、安南、東京、占城、東埔寨、暹羅、順化、加知妥、西洋、密西耶、艾茱であつた。――いかに我が海外發展の隆盛を極めたかを知ることが出來る。

慶長五年には、山田長政が暹羅に入つた。この年、藥屋某が勃泥（ブルネー）に通商した。

慶長十五年には、平戸を開いて貿易港となし、オランダ人との通商條約が定まつた。

さらに慶長十八年、同じく新教なるイギリスが通商を乞ひ、家康は遂にこれを許した。


元和六年、一六一六年――高木作右衞門は馬陸に上陸した。またこの年、伊達政宗は大船を造り、呂宋に渡らしめた。なほこの時、支倉常長は、英人に託して政宗と通信した。

元和八年、オランダ人は臺灣を占領するや、末次某、たまたま臺灣において、オランダ人と爭ひ、濱田彌兵衞は直ちに同島に至つて、大いにオランダ人の非禮を詰り、彼を謝罪せしめた。

寛永三年、一六二六年――高砂德兵衞は遠く東インドに至つて貿易した。

寛永四年には、小倉商船がジャワに至つて伽羅を購入した。また森田長助は、暹羅に赴いて、わが南進を積極化さんとした。この日本の發展こそ、イギリス、オランダのアジア・太平洋侵略を制壓する唯一の力であるため、彼等は巧みに德川幕府を欺いて、南進政策を抑壓せしめんことに全力を注いだ。かくて彼等は、舊敎カトリックの侵略を暴露し、德川幕府をして、鎖國への決意をなさしめた。

寛永十一年、一六三四年、幕府は朱印船を停止し、ここに日本の南進は根本的に中斷せられるに至つた。

これより先き、一六一〇年、長崎開港以後、オランダ船の南洋より來るもの、毎年七八隻に及び、我が金額を輸出すること五百萬圓より一千萬圓に達し、寛文十二年一六七二年、銀の輸出を禁止するまで、少くも五億乃至八億に達する金銀貨が流出した。

第二章　鎖國斷行

德川幕府は、今や日本人の海外渡航を禁ずるとともに、海外に發展せる者の歸國を嚴禁し、これを敢て爲す者をば死刑に處するのであつた。

かくて空しく南海の欝蒼たる榕樹の下に、月光の蒼くくだける海上を、赤熱の太陽の燃ゆる中をめぐる黑潮を――熱帶圏に發する颱風のまにまに、懷しき故國への漂流を切望する多數の日本人の悲しき運命を、すべては忘却の深底に沈めるのであつた。

歸國し得ぬ日本人は、遠き南洋において、或は同じ運命の下に惱む人々の、悲しき戀に結ばれ、或は遥かなる上代の血のつながりを本能的に直觀しつゝ土民との結婚を爲すものも甚だ多數であつた。オランダの公證役場には、極めて多數の日本人に關する文書が、今日も多く殘存して、いかに救ひなき日本人が南洋に廣大なる勢力圏の維持を全力をあげて爲したかを示してゐる。

多數の海外日本人の中、バタビアにありてキリスト教徒であつた者のみの婚姻屆が、バタビア教會の記錄に殘されてあつた。

——一六二五年三月六日、江戸のヂョゴ庄兵衞（Diego Sioube）と江戸のアールケン（Aelken）と、駿河のマンショ權一（Mancio Gonits）とバリのヤンネケン（Janne Ken）と、一六二四年四月二十一日、ヤン・ヤンスゾーン・フアンハインデ（Jansz van Heinde）と日本のお萬（Oman）と、同年五月十二日、コーリノイル（Coorinoir）のヤン・ヘリッツ（Jan Gerritse）と日本江戸のお松（Omats）と、結婚したのであつた。

なほ日本人は多くキリシタン名として記されるものも多くあつた。——一六四〇年七月十二日、長崎のピーテル（Pieter）とパタニの娘ロウイシャ（Lowisa）と、河内生れのジユワン（Juan）とバタビヤの娘ギベラ（Gibella）と、長崎生れの若人ペドロ（Pedro）と平戸生れの娘ルシヤ（Lusia）と、一六四二年一月九日、長崎生れの日本キリスト教徒フランシスコ（Francisco）と平戸の日本娘ヨハンナ（Johanna）とが結婚した。

或は役場の文書にはペドロ・喜左衛門（Pedro Kisaemon）あり、ヤン・助右衛門（Jan Scheymon）あり、ミヒール・武左衛門（Michiel Busaymon）等の名が多數に記載されてあつた。

バタビアの日本總領事官邸の庭には古き墓碑ありて、オランダ文にて――「一六〇五年八月十五日長崎生れ日本人キリスト教徒ミカエル惣兵衛、一六六三年四月十九日、死去し此處に葬らる」と。

鎖國令出で、八年の後、正保元年、一六四四年、外船は突如、長崎を侵し、我はこれを擊沈した。これより外國貿易を嚴禁し、オランダ船のみ通商を許した。これ島原の亂において、オランダ船が自らの敵、舊教徒なる天守教徒を砲擊した功績によるものである。

承應元年、一六五二年、切支丹の歸國、轉向を許さず。これをすべて刑戮し、宗徒を探索し、この前後に殺戮せられしもの、三十萬人に達したと云はれる。

寬文二年、一六六二年、鄭成功は臺灣において歿した。――かくて日本の南進は遂に全くこのルートを失ふに至つた。

第三章　じやがたら文

西川如是の「長崎夜話草」によれば、「異國渡海禁止之事」にて――

「黑船停止の前より耶蘇の教へ正法にあらざる事を公けの御いぶかりにて、日本の人妄りに異國へ渡海の事、いかなる災もやとて寛永十二乙亥の年、日本異國渡海の船御停止おほせ出されぬ。是より長崎より御免許の御朱印給はりて、年々異國へ渡海せし船も留りぬ。長崎より渡海の船五艘は、末次氏（二艘）舟本氏（一艘）荒木（一艘）糸屋（一艘）なり、泉州堺伊豫屋船一艘、京都船三艘は茶屋角倉伏見屋なり、三所の船合て九艘の外、他所よりは渡海なし、いづれも皆長崎にて唐船造りの大船作りて、皆、長崎の津より出帆す。此時も大明には往事なし、東京《とんきん》、交《かう》趾《ち》、塔伽沙古《たかさご》、呂宋《るそん》、亞媽港《あまか》、柬埔寨《かんぼうちや》、暹羅等の外國へ往來せしなり。唐土には倭寇とて明朝の初より日本の船を甚禁制せしゆゑに大内義隆よりの勘合船の外には曾て唐土海邊の港に日本の船到る事、堅き制禁にて、往たる船なし。此故に皆外國へ往來せしを世俗唐渡りと號せり。長崎より渡海せし人近き比まで存命なりし多かりし」と。

海路はるか遠くジャワの咬𠺕吧《じやがたら》にありて故郷日本に歸り得ぬ乙女の切々たる郷愁の哀れなる心を傳へたる、

じやがたら文

千はやふる神無月とよ、うらめしの嵐や。まだ宵月の空も心もうちくもり、時雨とともにふる里を出しその日をかぎりとなし又ふみも見じ、あし原の浦路はるかにへだたれど、かよふ心のおくれねば、

おもひやるやまとの道のはるけきも
ゆめにまちかくこえぬ夜ぞなき

御ゆかしさのまま、腰をれかき付參らせ候。前業とは申しながら、かゝるうき世にかひなき命ながらへ申さむよりは、ただ世になき身になり候はば、いかにうれしからましを。たまたま花の世界にうまれきて此身となれるとし月をかぞふれば、十《と》とせあまり四《よ》とせほどとこそおぼえ候に、かくうらめしき遠き夷の島にながされつつ。きのふけふとおもひながら、はや三とせの春もすぎ、けふは卯月朔日。また東雲《しののめ》に、あすは出船と人の聞えつるに、せめて筆の跡してもとぞんじ、なみだながら硯にむかひ參らせ候。いまだ夜ふかきほどにて、いたふくらければ、ともし火すごすごとかかげつゝ、おもひ出る事共かきつゞくるに、此文のうら山しくも、古郷にかへるよと思へば、我文ながら、ありしよりげにものかなしくて、

水くきのあとはなみだにかきくれて
　　むかしをいかに人の見ましや

はづかしながら筆にまかせ参らせ候。そこもとよりの御文、ことに御ゐんしんとどきまゐらせ候。まづまづ御つつがなく御ざなされ候よし、めでたくぞんじ参らせ候。さてさてそこもとの御文、くりかへし見参らせ候へば、ひとしほひとしほ御なつかしさ、御すいもじなされくださるべく候。わが身はいまにつれなきいのちにて、ながらへ参らせ候。いつのとき日にか日本を出参らせ候しや。いまはさだかにもわきまへがたふ、こなたのとし月にはなぞらへがたく、ただよるひるとなく、ふるさとのこと、つかのまもわすれやらず、おもひなぐさむひまも御ざなく候、たまたま故郷にて見参らせたるにおなじものとては、月日のひかりばかりこそ。そこもとにかはらず候ゆゐ、ひるは日の出るかたをながめよるは月の出るかたを打ながめ、袖のかはくも御ざなく候。かかる憂世《うきよ》にながらへて、かへらぬむかしをこひしやとのみおもはんより、ただ此世になき身ともがなとこそいのりまゐらせ候へ。さりながら、又うちかへし思ひかへせば世をも人をもうらむべきにては御ざなく候。幾萬づの人が、此世にむまれきたる中に我身いかなれば異國の人の子とむまれ出たる事も、前の世のむくひありてこそとおもひ参らせ候。しからば今さら、世をも人をもうらみ申まじき事にて御ざ候。もにすむ虫のわれからと、ねをこそなかめ世をば恨みじと、二條の后もつらねさせ給ひしと、承はり候へば、いささか世をも人をも恨み申さず、われからとなくより外は御ざなく候。さりながら、此ままにてはてなんとは存申さず候。ただ一たび神や佛の御あはれみにて日本へ歸申べしとこそおもひ參らせ候。たとへ三日をすぐし侍らで、きえ果參らせ候共、いささかもくるしからず候。とかくすゑは日本のつちとなり候はんとぞんじ參らせ候。あはれあはれ神や佛の御はからひにて、今一度御けんに入申たく候と、くれぐれ念願にて御ざ候。もしも又此世にて逢申さず候はば、わが身かねがね申たるごとく、友だちは七世の契と承り參らせ候へば、かならずかならず來世《らいせ》にてはめぐりあひ申べく候。げにげに御かたみの短尺、又おし鳥の羽など、かた時も身をはなし申さず持參らせ候。必ず必ず來世にては、これをしるしにてめぐりあひ申べく候、又ぞやわが身花《くは》だんのはなと仰せられて、御みせなされ候こそ、しづこころなくきえかへり參らせ候。此花のさかりには、そもじさまとこそながめまゐらせ候にかれかれになりはてて、ひとりながむる山ぶきの、とへどこたへぬいろなれば、そさまの花の袖の香に、おくれし夢の面影を、見ることだにもまぼろしに、あふはあふかはもろ共に、つゐに消なん露の身のわれや先だつ、人やおくるる、うらめしやありし世にだに戀しきを、めがれなく契參らせ候はで。今は何事も、みなあだごととなり行、むかし語と成參らせ候事こそ、ふかきおもひのたねとあこがれ參らせ候。あらこひしのそさまや。しのばしの友人や、ひとへ二重の色のみか。やへ山吹をおくり玉ふ情のいろくちはてずおもへとの御心のうちこそおしはかられ參らせ候

山ぶきの花のちしほはかはるとも
　いはぬいろをばわれわすれめや

われらこころの中、いささかかかはりなう、くれぐれおもひ參らせ候。

もろともにうへてながめし山ぶきの
　ちりてもはなのおもかげぞ見る

なつかしやこひしや。古郷を出しは、いつの時日にやと思へば袖のかはくまも御ざなく候。いやしき夷の島にすみ参らせ候とても、御おもひすてくだされまじく候。わがみの露は秋の田の、穂のうへてらすいなづまの、光のまもわすれ申さず候。折から雨風のそよぐにつけても、御なつかしさおぼしめしやられくださるべく候。あまり日本のこひしくてやるかたなき折ふしは、あたりの海原をながめ候より外は御ざなく候。げにや古き歌に、大そらはこひしき人のかたみかは、ものおもふごとにながめこそすれ、と、讀し人までも、身のうへにおもひあはせ參らせ候。

又すぎし彌生三日の日、家の内の女ばう達みなみなあそびに出られ候に、わが身もさそはれ候へ共、參申さず候。それにつけても、そのもとの御事共おもひ出參らせ候、よるひるとなく離れ申さず、なれむつみ候はん物をいつまでもと思ふものから、有のすさびにもてなし參らせ候こと、今さら今さら心にかゝり參らせ候。わするべき時しなければ、むば玉のよるはすがらにゆめに見えつゝと、古ことの葉におしはかり下さるべく候。細々申入たき事、濱の眞砂のかずかずに候へ共、あまりあまり心亂れ、あとさきわかちかね候まま、あらまし申參らせ候。助右衛門様、九郎様同じこと申參らせ候、又ぞや、こうぜん町おかた様へ、文まゐらせたく候へ共、出船いそぎ候まま、そへ筆申參らせ候。おたつ様へ申入候。何とて御文こまごまとあそばしくだされず候や。心もとなく存參らせ候。かならずかならず此舟のかへさには、御文くはしくあそばし下さるべく候。まことに我身居申時とおぼしめし、きくを御見捨くだされまじく候。かならずかならず秋の頃は、こまごまとの御文まち入參らせ候。何ぞゐんしん申たく候へどもめづらしき物も御ざなく候まま、その儀なく候。心ざしばかりにおび一すぢおくりしんじ參らせ候、もはや日本のはななどは、みなみなわすれ候て、あらましおぼえ候ものばかり參らせ候。もし人の笑ひ申候はば繪そらごととおほせ被下候。またまた平吉様へ申參らせ候。御無事のよしめでたくぞんじ候。ことに御文うれしくおもひ參らせ候。しかれば何とて毎年御文くだされず候や。それのみふしんに思ひ參らせ候。たとへそれがしかたへ文たまひ候はずとも、御心がはりとは存申さず候、かまひてかまひて此便には、御文こまごままち入まち入參らせ候。かやうに申候もせめて御筆の跡成共とぞんじながらながめ參らせ候はんままこまごまとあそばしくださるべく候。

あらむかしこひしやかしこ

一、おたつ様へ申參らせ候、爰もとあつき國にて候ゆゑ、それより少時わたり參らせ候を、皆皆つかひきり候ままひようぶきやうつかひ、此便にたのみ參らせ候。細々申たく候へ共、筆にはつくしがたく候、下のうばへも申參らせ候。ずゐぶんずゐぶん息才におはし候へ、わがみもやがて歸朝いたし、御けんもじにて申まゐらせたく候。あら日本こひしやむかしやなつかしや見たや見たや。

一松かさ、この手がしわのたね、杉のたね、はうきぐさのたね、御ゐんしんたのみ參らせ候。かへすがへすなみだにくれてかき參らせ候へば、しどろもどろにてよみかね申べくまま、はやはや夏のむしたのみ入候。我身事今までは異國の衣しやう一日もいたし申さず候。いこくにながされ候とも、何しにあらゑびすとは、なれ申べしや。あら

日本戀しやゆかしや、見たや見たや
　　　　　　　　　　じやがたら
日本にて　　　　　　はるより
おたつ様
まゐる

——かくも綿々の望鄕の情を懐きながら、幕府の鎖國政策は、廣大なる日本南方圏との血の聯關を切斷し、哀れにも、故土を失へる日本人は、南蠻の文化と異國の風土とに同化し、遂に數百年の後には、全く何ら日本人としての意識も、記憶をも悉く消失し、ただ彼等の識域の底に潜む一つの本能的直觀のみは常に、遠き海外への憧憬と、その救ひの手を待ち焦れつゝ祈るのであつた。

しかもそれは近世日本人の八幡船隊による發展以前、遥かなる上代における日本文化圏に包含せられたる大南洋には、さらに深い日本との血の運命的聯繫が脈々として潜在するを知らば、こゝに今の大東亞圏確立の唯一絕對の必然的原理の存在せることを確信しなければならないのである。

第二篇　第十七世紀における白人侵略

第一章　第十七世紀中葉の形勢

モルカス群島の暴壓

一六五〇年――オランダ東インド會社は、肉豆蔻、丁香のヨーロッパにおける相場の高値を維持せしめんとして、會社は土民に對し、共立木の倒伐を命じた。

香料を自らの生活の唯一の方法とする土民は、この會社の不法なる命令には、いかにしても服し得ず、あくまでもこれに反抗した。しかも會社は土民等の哀訴と懇願とを何ら顧みず、却つて強力をもつて、勝手にこれを盛んに伐採した。こゝに憤懣に耐へざる土民等は、自らの生活權擁護のために猛然、會社に反亂を決行した。

この土民の叛亂には、わが日本の八幡船隊の有力なる支持あり、オランダ會社の兵力は、これに對し殆んど彈壓の力がなかつた。

かくて直ちにバタビアのオランダ基地に救援軍の急派を要求した。直ちに十隻よりなるオランダ軍が、囂々たる叛亂のモルッカス島に急進した。

しかもこの兵力をもつてするも、土民の叛亂を鎭壓することを得ない。――會社の存在さへ甚だ危險となつた。

この叛亂は遂に、會社の首腦部を島外に逃亡せしめ、勢力極めて強大であつた。

この動搖は、群島の海外貿易を杜絕せしめたため、むしろ土民等は香料の輸出を不可能となし、その生活苦は愈〻深刻となつた。

この苦難を脫却するために、土民の內部にては、或は會社の復歸を求める者と、あくまでもこれを排擊せんとする者との對立が尖銳化し、この間に巧みに、オランダ人は、この矛盾を利用して、土民の叛亂の內部崩壞を企てた。

かくて、六年間に亙る長期の土民の反亂は、遂にオランダ人に買收されし者の裏切りのために、潰滅した。こゝにオランダ軍は、叛亂の首腦部を悉く捕獲し、これをすべて虐殺した。しかも自らの生活の基盤たる香木は、すべて伐採され、モルッカス人の苦惱は益〻倍化した。

一六五六年――オランダ人は一六二二年、臺灣を占領し、それ以後二十年來、侵略し經營し來つた臺灣をば、鄭氏國姓爺のために奪還された。

鄭氏は切に日本に對し、救援の軍を求めたのであるが、幕府の卑屈なる退嬰政策により、これを決行する勇氣も見識もなく、遂に臺灣をば、日本南方より喪失するに至つた。

一六五八年――オランダ人はセイロン島を占領した。

オランダ侵略の新展開

一六六四年――オランダは、スマトラ進出を企て、西海岸の要點、インドラプーラを確保した。

一六六六年には、スマトラのバダム地方にも攻略の軍を進めた。かくて着々、スマトラ蠶食を實行した。鬱々たる樹海の中に、オランダ軍は侵入し、凶猛なる土民の抵抗と戰ひ、また恐るべき野獸の襲來とも鬪ひ、あらゆる苦難に直面した。新興オランダ民族の意氣は極めて軒昂たるものがあり、むしろヨーロッパの狹隘なる地域に對し嫌惡し、この南洋、熱帶圏の處女地に自らの新しき世界を建設せんとするのであつた。

一六六七年――オランダ総督スピールマンは、セレベス島の西端なるマカッサー港を攻撃した。マカッサー港に面して一の城塞があつた。それはロツタータムと稱し、ポルトガル人の領有時代ゴア王のために建造したもので、當時、それをウージョン・パンダンと呼んでゐた。オランダ軍は激戰の後、この城塞を奪取し、ボンゲイ條約を締結して南部セレベスの商權を獨占した。この城塞は今も兵營にあてられ、オランダのセレベス駐屯兵の據點をなしてゐる。

セレベス島の北方にメナドあり、――このメナドの名は日本の「ミナト」の轉訛したものと云はれ、八幡船發展時代の最も重要なる日本勢力圈の前進基地であつた。

またセレベス北半島の東北端長さ六十哩の地方はミナハナと呼ばれ、このミナハナ人は特に風貌習俗が日本人に酷似し、家屋の構造、墓碑等はすべて日本そのまゝである。その姓名も多く日本のそれと類し、ミナハナ人は自ら日本人の後裔なりと稱する者も、多くあるを見る。

一六、七世紀には、八幡船隊の發展は極めて廣大なる地域に及び、多年、ポルトガル、オランダ等と激突せるバンダ群島にも、多く日本の遺跡を見、ことにネイラ島はモルッカス群島中、最も形勝の島であり、その南部島端にオランジュ・ナッソー城あり、その背後の丘上に屹するベルジカの古城と地下道によつて通ずと云ふ荒城は、一六一七年の構築にて、それは日本人によつて建設せられたものと云はる。

第二章　オランダの繁榮

レンブラント

一六六九年――オランダのユダヤ系の天才レンブラントは、悲慘なる窮迫の中に歿した。彼は一六〇七年に生れ、オランダの激變する時代に、彼の數奇なる生活を營み、その巨大なる傑作を驚異的に制作したのであつた。しかも彼の壓倒的なる生命力こそ、この時代の新興オランダの國力發展の直接的表現であり。これによりいかに當時のオランダの豐富なる生活と文化とが、その基礎にアジア太平洋の無限なる物資の搾取の存することを明示してゐるのであつた。オランダの富も國土も、悉く南洋よりの掠奪の上に形成されたのであつた。まさにレンブラントの偉大性は、この南洋の無盡の光と溢るゝ力による刺戟によつて表出されたのであり、この東洋の生命こそが、彼のユダヤ的感覺を明確に方向づけ、躍動、奔出せしめたのであつた。

しかも海面よりも低い陰濕の地方と海外よりの搾取の富の蓄積――海上よりのあくなき利益とその海水を防ぐ風車のめぐる所――この内的矛盾をば、レンブラントの性格と天才とは深刻に痛感し、これを力強く、その闇と光との抗爭の中に象徴化したのであつた。かくて彼の苦惱は狂的となり、一切の世俗を嘲笑し、拒否せんとする。彼はすべてが砂上の幻影であることを感じた。

――霧深いドック、風雨にさらされた帆船の林立、溷濁した港町の頽廢、アムステルダム、ロッテルダムのユダヤ人町の高利貸の充滿、東洋、南洋よりの珍奇の物資の山積、あくなき貿易業者の慾望――海よりの掠奪のみに生きるオランダ――自由主義民主主義と近代的重商主義との先驅、この微小なる本國に比して數十倍の植民地の侵略、舊敎に敵對するプロテスタントの資本主義化、今やこの資本主義的キリスト敎は、貿易的搾取の最も巧なる欺瞞政策として活動した。

割前制度と強制交附

オランダの東インド會社の搾取方法として、一は「割前制度」により無代價或は僅少の代價をもつて年々、土民の治者より一定額の物産を義務として會社に納付せしめ、――また「強制交附」により、納額を一定せずして、價格も會社と會議の上に定むることであつた。

一六七七年――マタラム王國との協約において、初めて時價をもつて年々米四千俵を會社に出すべきを約した。

一七八八年にはバンタムのサルタンは領内より產する胡椒を一定の價格で、すべて強制的に會社に買收された。

この不法極まる兩制度により、會社は莫大なる利益を奪取し、課税權により、何ら勞せずして、必要なる物資を市價より遙かに低廉をもつて買收した。

今や土民の生活は益〻悲慘となり、虐げられしジャワの暗黒時代が始まつた。

タルノジヨヨの紛亂

オランダ人は、ジヤワの内部を盛んに攪亂せんとし、當時強大であつたマタラム王アマンクラツト一世の主權に對し、タルノジヨヨをして反旗をひるがへすべく、煽動使嗾した。

タルノジヨヨは、オランダ軍の支持を受けて、俄然マタラム王家に反抗――こゝに中央ジヤワは深い混亂に陷つた。

國王軍は、これを鎭壓し得ず、却つて連戰連敗し、王宮さへも防衞し得なかつた。

アマンクラツト王は、悲慘にも王宮より逃亡――一王子は捕虜となり、マジヤパイト王朝以來傳はつた黄金の王冠は奪はれた。

かくて反亂の將タルノジヨヨは王宮に闖入し、王位を奪取した。

スピノザ

一六七七年二月――オランダの哲學者スピノザは、迫害と貧窮の中に歿した。彼は一六三二年、ユダヤの商人の子として生れ、その卓拔なる知性は近代哲學の一大體系を構成せしめながら、その生活苦と戰ひ、あらゆる世の榮達を否定して、陋巷の中に一生を望遠鏡や顯微鏡のレンズ磨をして、終つたのであつた。

しかも彼の隱棲に拘らず、その透徹なる認識は、當時の變轉極りなき時代の必然的方向を確實に把捉し、かくしてオランダの政治家等は彼の識見を指導的理論となし、自由主義的近代社會の發展を實現するのであつた。

一六七〇年――スピノザは聖書を批判せる「神學的政治學的論文」を匿名にて發表した。しかもこれは囂々たる批難と彈劾をキリスト教界より蒙り、「惡魔的なる書」として排撃され、全社會より危險視されるのであつた。――彼は自由主義的政治家ヤン・デ・ウイットの保護を求めて、ヘーグに移つた。

一六七二年――オランダはルイ十四世のフランス軍の進撃により國運は極度の危險に直面した。――オレンヂ家のウイレム三世が總督兼司令官となり、ヤン・デ・ウイットは失脚した。しかも人民は彼を彈劾し、ヘーグの牢獄の前で、彼を大いに罵倒し、毆打した。かくて冷靜なるスピノザも、この時のみは、昂奮して、野蠻の極みだと叫んだ。

彼は今や時代の我に不利なるを知り、一室に籠居して、彼の畢生の大作「倫理學」の著作に沒頭した。

一六七五年――この體系が完成するや、アムステルダムにて出版せんとしたが、その迫害と彈劾を恐れ、出版し得ず、遂に生を終るまで公刊するを得なかつた。

――彼は四十五歲の生涯を、殆んど肺患と生活苦に惱まされ、まさに悲劇的運命に飜弄された。しかも彼は、一切は必然的であるとなし、運命の愛としての知的直觀を自らのものとなした。彼は自然と神とを同一とし、神をもつて愛なきものと考へた。

かくて精神が自然と融合することを最高のものと認めた。

第三章　十七世紀末の情勢

マタラム王家の復興

一度、タルノジョヨが王権を握るや、さきに援助されしオランダ軍に對し、何ら妥協するところなく、むしろオランダの侵略を排除せんと企てた。これを知るやオランダ人は、再び亡命せるマタラムの王子アノムを支持し、これと相互援助條約を結び、タルノジョヨを壓迫せんとした。

ジャワの國內は救ひ難い混亂と無秩序に陷り、國力は甚しく消耗した。

遂に一六七九年、――アノムはタルノジョヨを打倒し、再びマタラムの王朝を復活した。

一六八一年――アノム・ススナン・アマツクラツト二世は、首都をウノカルトに遷し、これは現在のソロである。

この年、オランダ人はスマトラ島のサリダ金鑛を採掘した。

英人のベンクレン移動

イギリスとオランダとのジャワ侵略は、或る時は共同戰線を張り、或る時は相互に抗爭して、老猾に土民を壓迫した。

しかもイギリスの態度は極めて虛僞に滿ち、かくてバンタム王は憤然それを排擊した。この強壓に敵し難く、イギリス人は、バンタムを追はれて、スマトラのベンクレンに後退、移動した。

（一八二四年――英蘭條約の成立するまで、英人は、この地を占據した。）

一六八五年――英國はスマトラ進出を企て、西海岸のベンクレンに基地を獲得し、漸次にその侵略の計畫を進めた。かくしてオランダ人とイギリス人との間には、スマトラ侵略において、屢〻對立、抗爭するのであつた。

一八二四年の英蘭協定により、イギリスはスマトラを去り、スマトラ全島はオランダの領土となつた。ただ北部のアチエ地方は、シンガポールの對岸であるため、英國にとり重要であり、この地のみを獨立となし、英蘭兩國の緩衝地滞となした。

支那の南進

清朝に入るや、鄭氏が臺灣に據り、明の王統を傳へんとし、南洋の華僑とも連絡を通じて、反抗したので、清朝は嚴重に海外渡航を禁止した。

まさに日本のそれの如く、大淸律令をもつて、海外に出づる者をば死刑に處すとなした。

しかし康熙二十五年、一六八六年――鄭氏の亡ぶや、海外渡航禁止令を解き、海岸の人民に、五百石以下の船をもつて、海外貿易を爲すことを許した。

さらに康熙五十六年、一七一七年には、華僑に對し、詔諭して、すべて歸國せしめ、その罪を赦した。

かくて支那人の南洋に渡航する者激增し、南支那海に支那商船は盛んに往來した。こゝに南洋華僑の強大なる地盤が獲得されたのであつた。

一六九一年――ウエー・ファン・オントルン(W. van Onthorn)總督たりし時代に、オランダ人ケムペル（Kämpfer）なるものが、ジャワを巡り、日本にも渡航した。

サラツク山の噴火

一六九九年一月五日――バイテンソルフに屹立するサラツク山は猛然、爆發――バタビア州には恐るべき強震があつた。かくて家屋二十一戸、小屋二十五戸が倒壞し、死者は二十八人が出で、しかも噴火はなほ悽愴を極めた。

――白人のあくなき侵略は益〻激しく、これに對し、土民の憤激も愈〻尖鋭化せられるのであつたが、しかもこれが全部的に統一し、共同戰線を張ることのなきために、その叛亂は局部的に彈壓せられ、さらに白人の迫害の度は重加された。この悲慘なる情勢にありて、さながら土民の耐へがたき憤懣の勃發のごとく、ジャワの生命とも云ふべき火山が猛烈、爆發し、その連日連夜の激震と噴火とはまさにジャワの神々の怒りのごとく強烈であつた。

第三篇　第十八世紀のオランダの搾取

第一章　植民地政策

コーヒーの强制栽培

一六九六年――南インドのマラバル海岸から、コーヒーを取寄せ、ジャワで試植された。

一七〇五年――オランダはスマトラ王を欺き約して、プレンガルを獲得した。

一七〇六年――第二回の輸入がなされ、プレンガルの土民にコーヒーを強制的に栽培せしめた。

一七一一年――八九四ポンドのコーヒーが、始めて歐洲に輸出された。

一七二一年――初めてジャワの南海岸セガラ・アナカンにおいて、オランダ人は眞珠採集に着手した。この眞珠はヨーロッパにて莫大なる利益が獲得された。

紺青の南の海の底に、美しくきらめく眞珠の光は、オランダ人の心を狂氣のごとく躍らせ、彼等のあくなき慾望をば熱帶の太陽のごとく燃え立たしめた。

白き珊瑚礁と綠の椰子の蔭に、土民はその多くの眞珠を、傳家の寶物として秘藏し來つたのであるが、今や白人は、殘忍にもそれを掠奪し、またヨーロッパの三文にもならぬ商品をもつて、彼等の極めて高價なる眞珠と欺瞞的に交換するのであつた。さらに純眞なる土民の女性はガラス玉によつて、あらゆる高貴なる南洋の財寶を白人に奪取されるのであつた。

エルベルフエルトの叛亂

強制勞働の強化は土民の生活を益〻脅かし、その反抗は愈〻深刻化するに至つた。

一七二二年――バタビアにおける土民の獨立を目的とする運動は、遂に破れ、その首領ピーター・エルベルフエルト（Pieter Elberverlt）及びカルタ・ダリア（Karta Driya）外、四十七人は斬罪に處せられ、バタビアの叛亂は鎭壓された。

この年、ジャワ西部クラワン州グーノン・バランにおいて、オランダ人は金銀鑛の採掘を開始した。

オランダ人は土民の叛亂を徹底的に彈壓するために暴動の首謀者エルベルフエルトを公衆の面前にて曝首の刑に處し、オランダ軍によつて燒かれたヂャガトラ街道の敵の廢屋の前に、彼の首を高く揭げ、その記念碑となした。——それより二百數十年——土民等は、今もなほ憤懣と哀愁と苦惱とをもつて、その悲慘なる死刑の首を凝視するのである。その首の下に刻まれし銘文には

——「死刑に處せられたる國事犯人ピーター・エルベルフエルトに對する恐るべき記念のために、何人も此處にて栽培し、建築し、煉瓦を積み、又は樹木を植ゑることを現在未來永久に許さざるべし

バタビアにて、一七二二年四月十四日」

ピーター・エルベルフエルトはジャガトラ人とオランダ人との混血兒であつた。彼は心からオランダ人を憎惡し、そのあくなき侵略に反抗した。——彼は土民の王子等と謀つて白人の殺戮を企て、オランダ支配者を追放して、一王子を王位に卽かしめんと企てた。

時に不幸にもエルベルフエルトには、一人の若いオランダ人兵士と戀に落ちた姪を有してゐた。彼女はこの計畫を探知し、これを戀する兵士に事前に洩した。——遂に彼の獨立叛亂は失敗に歸したのであつた。しかし土民のエルベルフエルトに對する尊敬は極めて深く、彼のために記念像を幾度か作らんとした。

オランダ官憲はこれに對し――「謀叛人の罪のため、永久に、木彫たると石像たるとを問はず、彼の像を絶對に建設すべからず」と命じた。

第二章　支那人の大虐殺

一七四一年――バタビアの支那人は、オランダ人のために甚しく壓迫された。これに對し支那人はジャワ人と通謀して、オランダの主權の崩壞を企てた。しかも一支那人はこれをオランダ人に密告したために、オランダ軍は猛然、大部隊をもつて支那人町を攻撃し、こゝに言語に絶した虐殺と迫害が行はれた。

この攻撃のため、一萬餘の支那人が殺害されたと云はれる。

この恐るべき虐殺は血を河の如く流せるため、「紅河の役」と云はれる。

しかもこの報が支那に達するや、當時はまさに乾隆帝の極盛期であり、オランダ總督は、その報復を恐れ、直ちに使を出して珍奇なる貢物をもつて謝罪した。

乾隆帝は、支那人出國禁止法によつて、人民の死に對し復讐せず、抗議もせず、却つてオランダ使節に對し、——利を圖るために祖國墳墓の地を棄てて海外に渡る人民をば何ら愛惜せずとの返答をなした。

今やジャワの土民は、このオランダ人の言語に絶した殘虐性に對し、本能的なる憤激が爆發した。かくて同年、マタラム王パクヴォノ二世は、王族一黨を率ゐて斷然、オランダ人排撃の戰を決意——各地の民衆も、これに呼應し、こゝにジャワ全島にて、オランダ人とジャワ土民との抗爭が展開されんとした。

これを知るや、總督ファルケニールは、巧みに、一部の島民を買收し、欺瞞し、全力をもつてマタラムを攻略し、さらに勝利を占めるや、致命的なる打擊を島民に與へた。かくて土民は遂に再び起つことを得ざる壓迫の下に苦吟するのみとなつた。

一七四五年——セリボンよりパンワンギに至る東北地方はオランダ東インド會社の領有に歸した。今日の東インド總督官邸のあるバイテンゾルフ（舊名カンポン・バルー）もオランダは奪取した。

マタラム王國の分裂

一七五五年――マタラム王國に内紛が勃發し、その統一は破れ、ススナンはソロ州に、サルタンはジョクジャ州を分有統治することとなつた。

これは舊マタラムの王族と民族とが、オランダに壓迫され、それに懷柔せられた國王を除かんとして結束した運動であり、決然、オランダの統治に反抗し、獨立宣言を布告したのであつた。しかしその反抗の行動も單に土民の統一を破壞するのみに役立つた。

今やジャワの土民は相互に對立し、一は親オランダ主義となり、他は反オランダ主義を力說し、徒らに內部對立の中に自らの勢力を消耗するのであつた。

かくしてジャワの王宮に深く秘められし典雅なる藝術、スリムピーの舞踊を演ずる數百人の王宮の美女は、多く四散し、その華麗驕奢を極めた大浴場も悲慘に破壞せられた。優美なる律動とその幽艶なる形姿、それに伴奏される餘韻嫋々たるガメラン音樂の交響曲は、華やかなりし王朝の限りなき回想を空しく、くりひろげるのみである。

その切々たる哀音は聽く者の心臟に深く訴へ、そのなよやかなる踊りは、日本の古典藝術美、能のそれに酷似する陰影、明暗に富むものであつた。

ジャワの唯一の統治者、ススナン――宇宙の柱、宗敎の保護者としての絕對者は、今や二つに分裂し、その相互の對立、抗爭は、忽ちにして、ジャワの治安を破壞し、この紛爭の間隙に乘じ、見る見る西歐の侵略は、氾濫の如く、奔入するのであつた。

しかもなほこれを意識せざる王室や貴族等は、金色燦然たる王宮の中にあつて、過去の光榮に醉ひ恍惚としてワーヤン劇、影繪芝居に耽るのみであつた。ジャワ主權者の文化的頽廢は、また一般人民の遊惰と無氣力とをもたらし、その亡國的段階が必然的に出現するのであつた。

數百年、ジャワ王宮の、光榮を知る緣深い羅望子《タマリント》の巨木のみ、その大なる樹影をもつて、ひとり王宮を護らんとするも、すでにその力は如何んともすることは出來なかつた。かくして白人に虐げられる土民の歌謠は南方の明さを失つて次第に暗く悲しく、その生活は日を逐うて窮乏し、低下するのみとなつた。

土民は精巧なる手藝に自らの樂しみを表現し、その纖細華麗なる色調に富む目もあやな更紗によつて、いかに過去の文化が高度にして、洗練せられしものなるかを暗示するのであつた。その鮮麗なる色彩、絢爛たる構圖は、すでに失はれんとする傳統を、辛くも象徴的に殘さんとする民族の願望のごとく切實であり、悲痛であつた。

第三章　イギリスの發展

一七六六年――インドにおける英國人の勢力は愈〻強大となり、オランダ人は遂にインドから追放されるにいたつた。

イギリスは、七年戰爭（一七五六年――一七六三年）に亙る歐洲の長期戰を惹起せしめ、この間にこれを契機として、盛んに植民地侵略に狂奔した。

かくてインドにおいては、一七五八年、クライヴがベンガルの知事となり、益〻その強奪を逞くし一七六一年には、ポンヂシエリーを奪取した。

このインドの富の搾取こそが、イギリスの産業革命を實現せしむる原動力となるのであつた。

一七六七年には、イギリス人ハーグリーヴスが紡績機を發明し、さらに一七六九年には、イングランド人アークライトが紡績機の特許權を獲得した。

なほこの時代、一七六八年——イギリス人クックは第一次世界周航をなすため出帆し、一七七一年に歸國した。

さらに一七七二年、クックは第二次の航海に出で、この間に太平洋の諸島を巡航し、一七七五年に歸航した。

この間、イギリスのインド侵略とそのあくなき強奪は言語に絕し、さすがにイギリス議會はこれに對し、良心の苛責に耐へずクライヴを彈劾した。かくて憂悶の中に、クライヴは、インドにおける慘虐の回想とその後悔の怖しさのために狂氣となり、一七七四年、自殺するに至つた。

この年、ヘースチングスが第一代インド總督となり、クライヴの惡虐なる政策を繼承し、さらに擴大強化した。

他方、イギリスは、アメリカに對し、多額の課稅を負はしめ、一七六五年には、印紙條令を發布し一七六七年には、イギリス議會はアメリカに輸入する紙・硝子・茶の諸品に課稅し、英米の對立は極度に惡化した、かくて一七七四年、ボストン港は封鎖され、翌、一七七五年、遂にアメリカの獨立戰爭が勃發した。一七七六年、イギリス軍はボストン市より敗退し、同年七月四日、――アメリカの獨立の宣言が發せられた。

この年にアダム・スミスの「富國論」出で、イギリスの自由主義的資本主義的政策は益〻積極化され、さらに、ギボンの「ローマ衰亡史」が出で、イギリスはあくまでも、古代ローマ帝國の後繼者として世界帝國を建設せんとする野望に燃えた。

なほこの年、クックは第三次航海の歸路、ハワイ島において土民のために殺害された。

羅芳伯

廣東嘉應石扇保の人、羅芳伯は淸の乾隆三十七年、一七七二年――五十歳餘にて、國を出で、南航して、ボルネオ崑甸《ポンチヤナ》の東萬律に進出し、吳元盛の力をもつて、加巴士河中流の土豪を攻擊して、これを驅逐し、自ら主權を掌握した。――この勢力範圍は、東は加巴士河上流の新董《シンタン》より、西はボルネオ州西岸に達し、北は邦戞《パマンカ》、南は蘇加丹那《ソカタナ》に及び、今日の蘭印ボルネオの大部を占めた。

羅芳伯は一七七七年、大唐總長に任ぜられ、年號を蘭芳元年となし、東萬律を王都と稱し、下に省府縣を置き、外藩には戴燕國、上侯、新董等があり、呉元盛は戴燕を支配した。

羅芳伯の死後、五代の主立ち、劉台二に及びオランダ人は謀略をもつて欺き、國力衰退し、名は大總長と稱し、オランダ人よりは甲必丹に任ぜられたが、實力は失はれた。

それより五代の後、一八八四年、遂にオランダのために亡ぼされた。

第四章 イギリス、オランダの抗争

一七八三年――イギリスはスマトラ西海岸にある領地をオランダに返還した。
一七八七年――ボルネオ島バンジエルマシン王は、ボルネオ東海岸の土地をオランダに割譲した。
今やイギリスはアメリカにて失へるものを、アジア、太平洋において、その償ひをなさんために、全力を注ぐにいたつた。インドにおけるヘースチングスの掠奪政策は、非人道の限りを盡した。

かくて彼は一七八五年に歸國するや、翌八六年には英國議會において、その暴戻なる非行が暴露され、彈劾された。

一七八八年には、イギリスは、オーストラリアに刑囚の植民地を設け、その凶猛なる犯罪人をもつて、土民に對する苛酷なる壓迫と慘忍なる殺戮を敢て爲さしめるのであつた。

しかもイギリスはアメリカ獨立を援助せるフランスに報復するために、ユダヤ人を背後より支持して、フランス大革命を一七九八年、勃發せしめるのであつた。

イギリスのオランダ本國に對する壓迫は強化し、一七九五年、オランダのウイリアム五世は、東インドを英國に引渡せと命じた。

時に英國人は喜望峰、セイロン及び香料群島を占領した。かくてジャワのオランダ勢力は極めて危險となつた。

第五章　オランダ東インド會社の衰頽

一七九二年より九六年に亙り、東インド會社の力は甚しく衰へ、この整理のために、特別委員が任命されたが、その復活の見込なしと報告せられた。

オランダ東インド會社の政策は、通商獨占、秘密主義、利益搾取の實行をなさんとした。會社は、あらゆる事業を獨占し、會社は手を着けない事業までも、私人には許可しなかつた。

しかも會社は土民を壓迫することは益〻激しく、その土民を奴隷化するのであつた。かくてそれまでのジャワの高き文化は、俄かに衰頽し、その土民の敎養は日に減退した。

このため土民の東インド會社に對する反感は愈〻深刻化し、常に土民と會社との軋轢は甚しくなつた。このあくなきオランダの搾取は、國土の疲弊をもたらし、却つて自らの衰退を必然化するのであつた。

十七世紀初頭の溌剌たる新鋭の意氣は衰へ、徒らに人心は輕佻となり、單に私利のみに汲々――土民は強制勞働に酷使され、その生命力は全く消耗した。

まさにこれは土民よりの搾取強奪に外ならず、ジャワ人の困窮は年とともに深くなつた。

東インド會社の首腦部たる十七人會は、東インドの實情を知らず、唯〻その利益のみを追求し、土民に對し何ら恩惠を施さざるのみか、あらゆる姦策を弄して、暴利をむさぼつた。

また會社の本國における幹部は、現地の社員の活動に對しても、極めて統制を強要し、その給與は甚だ少く、そのため社員は不平不滿のために、ひそかに賄賂をとり、また私的の商賣により、私利を盜み、ために會社の秩序は亂れ、その綱紀は頽廢し、さらにその會社の腐敗は、上下の社員を問はず、すべてその私慾のあさましき奴隷となつた。

しかも會社の利益は莫大なるものであり、その重役は一朝にして巨大なる富豪と化し、利益配當は常に數割を示し、その株券は額面の三倍から五倍の高値を維持するのであつた。この好況は十七世紀の中葉までが、全盛であり、後半もなほ勢力強大であつたが、十八世紀に入るや、そのあまりにも苛酷なる搾取政策のために、却つて現地の不況をもたらし、數百萬フロリンの損失を出すに至つた。かくて損害は遂に六百五十萬フロリンにも達した。

しかも會社はあくまでも秘密主義を取り、この不況の時代においても重役等は、依然としてひそかに巨利をむさぼり、また蛸配當をもつて、世人の眼をくらますのであつた。これにより辛くも株劵相場の維持をはかるのを見た。

しかも損害は一七九一年には、九千六百萬フロリンの巨額に上り、遂に翌年一七九二年には、會社の解散を必然ならしむるに至つた。

この會社の衰頽は、一面において、オランダ本國における政治的變轉、動亂と相互作用をなすものであり、共和黨と王黨とは激烈なる對立抗爭を示し、なほイギリス・オランダ戰爭の長期による消耗、これによりバタビアとオランダ本國との交通は遮斷され、輸出物資は港內に堆積し、空しく腐敗するものも多く、時にフランスには大革命が勃發し、ヨーロッパの政治情勢は急變せんとした。かくてバターフ共和國の成立するありて、政策は徹底せず。これに對し、イギリスは南アフリカ、セイロン、等に進出、盛んにオランダの通路及び植民地を脅かした。

バターフ共和國の成立するや、會社の全面的改組となり、重役は廢止され、十七人會は解散され、――一七九八年には、バターフ共和國憲法の中に、東インド會社の財產及一億三千四百萬盾の負債はすべて國家の所有となすことが明示され、かくして東インド會社の解散が宣告された。こゝに一七九九年十二月三十一日が、會社の特權滿了期として消滅したのであつた。

ここに東インド會社は會社の經營としては失敗したのであつたが、二百年間、オランダ本國がこれによりて獲得、搾取した利益は、驚くべく莫大なるものにて、殆んど計算することの出來ぬ程であつた。オランダが一時世界の銀行王となつたのは、まさにこの會社の搾取によるものであつた。

をほオランダは日本貿易を獨占し、金銀のオランダへの流入は巨額であり、あくまでも日本を鎖國にとぢ込めることに全力を注いだ。しかも日本はたゞオランダの一道を通じてのみ、僅かに世界の動勢を知るを得、かの杉田玄白の「蘭學の事始」の出でたのは、文化十二年、一八一五年であつた。

第四篇　第十九世紀の植民地的彈壓

第一章　オランダ政府の直轄化

一八〇〇年一月一日より、東インド會社の財産及び事業の一切は、すべてオランダ政府たるバターフ共和國の直轄下に編入された。

一八〇〇年、英國艦隊が、バタビアの港を閉塞するや、當時なほ會社の總督であつたファン・オーフルストラテンは、力戰奮勵、漸くこれを撃退することを得た。

しかもフランスにては、大革命のために、海外發展は全く拒否され、この間に、イギリスは全力をあげて植民地侵略を決行し、その海賊的行動は、人間の最惡の犯罪に比すべきものであつた。しかもイギリスは、これをもつて自由主義による人間の當然の權利なりと主張し、むしろこれを進歩的行動なりとし合理化し、何ら自らを反省するところがなかつた。

英蘭媾和

一八〇一年――イギリス、オランダ兩國間に、アミアンにて媾和條約が成立し、イギリスがさきに侵略したオランダの勢力地帶に、セイロン島を除く外すべてオランダに還附された。

時にヨーロッパにおいては、ナポレオンの出現となり、一七九六年――イタリアに侵入し、一七九八年にはエジプト遠征となり、こゝにイギリスはナポレオン戰爭のために、一時、植民地侵略を中止し、英本土の防衞に努めた。

英蘭再戰

一八〇三年、英、蘭の平和は再び破れ、兩國の艦隊、兵船は世界の諸所にて交戰した。

かくてインドとオランダとの交通は遮斷された。

ナポレオンは、オランダを制壓し、こゝにイギリスとオランダとは對立し、必然に、その抗爭は擴大された。しかもイギリスは、歐洲において失へるものを、海外植民地獲得において、遙かに尨大なる利益を強奪した。

オランダ王國の成立

一八〇六年、バターフ共和國が倒れて、オランダ王國が生れ、大ナポレオンの弟ルイ・ナポレオンは封ぜられて、オランダ國王となつた。

イギリスは益〻植民地侵略に狂奔し、蘭領喜望峰を占領した。

ナポレオンは今や反英政策のために、大陸封鎖令を布告した。しかもこのことは却つて、イギリスの植民地侵略を益〻猖獗ならしめ、ヨーロッパ自らの經濟恐慌を必然ならしめた。イギリスに對する經濟封鎖は、むしろヨーロッパ自らの逆封鎖を結果するのであつた。

ダエンデルス總督

一八〇八年――ダエンデルス（Daendels）總督はジャワを横斷する道路を建設した。當時バタビアに住する歐洲人は、漸次内地に移住する傾向を生じ、今日のバタビア新市街を形成する基礎を造つた。

かくて總督ダエンデルスは盛んに植民地政策を積極化し、ジャワの西端アンヤルより東端バニューワンギに至る縦貫ルートの開鑿の大工事を計畫、それに着手し、巨大なる土民の勞働力を徴發し、それを能ふかぎり酷使して、一ヶ年餘を以つて完成した。

第二章　英佛の抗爭

バタビアの佛領化

一八一〇年、オランダはナポレオンの勢力下にフランスに併合された。かくしてバタビア政廳にはフランスの國旗がひるがへるに至つた。時に總督はナポレオンの推擧したオランダ人で、ナポレオンの臣であつたダエンデルス將軍であつた。彼はあくまでも武斷的なる強壓政策を實施し、ジャワ人により「雷總督」と仇名されたほどであつた。

他方、イギリスは世界植民地を侵略せんとし、アメリカにおけるスペインの植民地獨立運動を煽動し、遂に一八一〇年に勃發せしめた。

このことはヨーロッパ大陸に對しては、甚大なる打撃であり、ナポレオンの勢力は、このために致命的なる損失となるのであつた。

バンタムの侵略

一八一〇年――バンタム王は、あまりの彈壓政策に憤激して、抗議した。この背後にはイギリスの老獪なる使嗾があつた。しかもオランダ軍は強大にて、直ちにバンタムを攻略し、王城を破壞した。總督ダエンデルスはバンタム王を流罪とし、バンタム州の統治權を奪取した。

イギリス軍は、オランダ軍を排撃するために、ひそかに土民軍を支援し、盛んに叛亂を計畫した。このためにオランダ軍は各地に派遣され、その兵力の消耗は過大なるものとなつた。

バンタムの王宮は大いに破壞され、過去の榮華を熟知する天に聳ゆる榕樹も、哀れその枝を燒かれ半ば枯れんとし、美しい花を開く龍舌蘭も悲慘に蹂躙され、王の愛した禽鳥の樂しげなる聲も、今や王家の沒落を訴へる悲歌となつた。この王の運命を豫兆するものと一重臣が占へる南十字星の運行は、檳榔樹の葉蔭に寶玉のごとく輝くのであつた。

バタビアの英占領

このオランダ軍の疲弊に乘じ、一八一一年、ロード・ミント總督の率ゆる英國東インド會社の艦隊は、百隻の軍船に一萬二千の兵を乘せて、バタビアを攻撃し、オランダ軍はこれに抵抗したが、これを壓し、遂に占領した。

十一月、ジャワは完全に英國に征服された。

今やイギリスは熱帶を占領することによつて、世界を制覇せんとする野望に燃えた。多年、オランダとイギリスとの戰は、まさにジャワの無比なる富の爭奪にあつた。

ラッフルス總督

ドンタン條約により、英國はジャワ全島の統治權を獲得した。ロード・ミント卿は、若きスタムフオド・ラッフルス（Stamford Raffles）を拔擢して、ジャワ總督に任命した。

ラッフルスはジャワの政治組織を根本的に變革し、英國の強力なる植民地侵略化を示した。

一八一三年――地租徵收法をジャワに實施した。ラッフルス總督は、まさに、インドにおけるクライヴ、ヘースチングスの恐るべき植民地侵略と搾取政策とを強行せるものであつた。かくして彼の殘忍なる行動は、幾多の流血の慘を現出し、しかも、後世、彼は植民地統治において、最大の功績を示せるものとして讚美せられるのであつた。――かのバイデンゾルグの壯大なる植物園の中にあるラッフルス夫人の墓は、總督の苛酷なる彈壓に憤激せる土民によつて彼女が殺害された悲劇を表徵するものである。

一八一四年――八月十三日、ロンドンにおいて平和條約を結び、交戰中、イギリスの占領したるオランダ領地は、喜望峰を除く外、すべてオランダに返還された。

一八一五年――スムバワ島タムボラ山が噴火し、全島は恐るべき地震に襲はれ、熔岩のために多數の人畜は死傷した。

第三章　ジヤワの蘭領化

ヨーロツパにおいて、ナポレオンは敗北し、イギリスはオランダと條約を結び、これと妥協し、ジヤワを再びオランダに還附した。

時に一八一六年であり、オランダの勢力は再び南洋に復活した。

この頃、ジヤワ一帶にこれを怒るが如く、火山の猛烈なる活動あり――一八一七年ジヤワ島東海岸にあるイジエン山が噴火し、破裂した。

一八一八年――ジワヤ島東部のゲンテル山も噴火し、多大の損害を與へた。

一八一九年――一月十六日、改めて東インド諸島をオランダ領と爲すことを宣言し、同時にフアン・デル・キャペロン（Van der Capellon）を第一次總督として任命した。
一八二二年――スマトラ島中部において、土民は猛然、オランダ人の虐政に反抗した。熱帶の欝々たる森林の中に、土民の屍體は累々として遺棄され、悲慘なる虐殺の光景を現出した。

シンガポールの獲得

ジャワのオランダへの還附を、總督ラッフルスは甚しく不滿なりとし、盛んに英本國に新しき植民地獲得を要求した。かくてイギリスはスマトラのベンクレンとピリトン島をオランダに讓る代償として、オランダはマラッカとシンガポールとをイギリスに讓ることに決した。時に一八二四年であり、今や英國の太平洋侵略政策の前進根據地は獲得された。

イギリスは、東西兩洋を結ぶマラッカ海峽と、さらに東インド地方に對する重要據點としてのシンガポールを獲得し、こゝにアジア太平洋に對する侵略を益々積極化することが可能となつた。

ヂパ・ネゴロの大亂

一八二二年――ジョクジャ王のサルタン・アマンク・ブオノ四世が死するや、當時二歳の幼主が位に卽き二人の攝政が置かれた。この一人であるヂパ・ネゴロは、イスラム教の神聖を保持するために――我は天帝アラーより異教征定の神命を受けし者であると號し、オランダ人排擊の計畫を斷行した。

時に一八二五年――この大動亂は、まさに全ジャワを動搖せしめ、容易に靜まらず。五ヶ年にして、漸くオランダ軍は本國よりの救援により、ジャワの軍は敗北した。ヂパ・ネゴロは捕へられてムナドに流罪された。

この動亂の前半にて、すでにオランダ人の死傷八千人、土民は七千人に達し、オランダ政廳の費した戰費は二千萬盾であつた。

しかもジャワのオランダよりの獨立を決行せんとした英邁なるヂパ・ネゴロに對し、ジャワ人はあくまでも至大の尊敬を抱き、獨立戰爭の偉大なる犧牲者、古王國復活の悲劇的英雄として、一八五五年、彼は悲しき四人として、マカサルに死んだことをも信じないほどに今もなほ不滅の神として、熱烈なる信仰を捧げてゐるのである。——マレー人は、もし危急の際あらば、必ずやヂパ・ネゴロは再び現はれて、我等を救ふために戰ふべしと信じてゐる。

第四章　オランダ商事會社の設立

オランダ東インド會社の後身とも云ふべきオランダ商事會社（Nederland Handel Mtsij）が、一八二四年に設立され、政府から多大の特權を與へられた。今日では、それは銀行として知られてゐる。この會社はジャワ銀行に次ぐ最も古い設立であり、通稱はファクトライと呼ばれる。

この年、さらにイギリスと約を結び、アチン州をオランダの勢力範圍となした。

總督ファン・デル・カペロンは、ラッフルスの政策を根本から變更し、帝國主義的統一を企てた。

かくて一八二五年より一八三〇年に亙るヂパ・ネゴロの叛亂が勃發した。これこそ總督自ら煽動して惹起せしめた叛亂であり、これを好機として土侯の權力を剝奪し、直接統治に移管し、ソロー、ジョクジャの兩土王家をば、單に黃金の王冠を戴ける形式的なる王者となし、領土獲得を完成した。

パレンバン

一八二五年、パレンバンはオランダ政府の統治下に歸した。パレンバンはスマトラの東南部に位し、歷史上、唐の天祐二年、九〇五年頃より、一一七八年まで支那に入貢した三佛齋とは、今のパレンバンであるといはれ、古代から支那との交通が爲され、その文化も比較的に發達した。その後、ジャワに併合せられて支那との交通は杜絕した。

オランダ政府が、パレンバンと胡椒の貿易を開始したのは一六一七年頃から始まる。

パレンバン市はパレンバン州の首府にて、スマトラ南部における最大の市場にて、ムーシイ河を遡ること約八十哩、河岸に沿ふ長大の市街あり、――舊王城は今もなほ兵營病院に使用せられ、一部は破壞せるも、その宏大なる城郭は當時の威容を偲ばせるに充分である。

一八二六年――スラバヤにて汽船ファン・デル・キャペロン號が進水した。これはジャワにおけるオランダ汽船の最初の建造であつた。

この年、ニューギネア島に向け、オランダの第一回探檢隊が派遣された。

一八二七年――オランダの農業政策は發展し、鹽、棉、茶、煙草の栽培及び養蠶業も發達した。

パタンの反亂

パタンはスマトラの海岸の首都であり一六六〇年オランダ人ボートが、バタビアより同地に渡航したるをオランダ侵入の初めとする。

一七一一年イギリス軍が侵攻し來り、一七九五年一時、オランダの東インド會社は撤退した。しかもナポレオンの敗亡後、一八一九年、再びオランダ國旗が掲揚され、一八二四年、英蘭協約によつて、オランダの領有に歸したが、土民は容易にオランダ政府に服せず、反亂は屢〻起り、バタビア政廳はこの鎭壓に甚だ苦しんだ。

一八三七年、陸軍大佐ミシエルスは、遂にメナンカボール王國を攻略、滅亡せしめ西海岸知事に任ぜられた。以後、パタンは歷代知事の駐在地となり、スマトラ西海岸におけるオランダの基點として最も重要なるものとなつた。

第五章　强制耕作法の制定

一八三〇年——總督ファン・デン・ボッシュ（Van den Bosch）は最も酷薄なる搾取方法として、カルチュア・システムと稱する半官半民の耕作法なる強制耕作法を實施し、ジャワ人を悲慘なる奴隷と化するのであつた。

この年、土民の酋長ヂパ・ネゴロの反抗は遂に破れ、ジャバ一帶はオランダの壓迫に服した。一八二五年より一八三〇年に亘る五ヶ年の「ジャワ戰爭」なるディパ・ネゴロの叛亂にて、總督府の費した軍費は三千二百萬盾と一萬二千の兵員であり、兩軍の人命の損害は二十五萬人に上る莫大なるものであつた。

この政府の消耗を償ふために、オランダ王はデュ・ブズ・デ・ギシニースの提言を斥けて、植民地搾取のためにボッシュ伯をジャワ總督に任じた。かくて多年、戰亂のために疲弊困憊したジャワ人はこの恢復をなす暇なく更に極端なる搾取を强壓せらるゝに至つた。

强制耕作法の發展

國王ウイレム一世の命により、强制耕作法が發布された。これは、當時窮迫せる本國財政の救援をなし、沈滯した商業貿易、航海業を恢復せしめんとするものであつた。

最初の委員のデュ・ブスの立案は、歐洲の資本と歐洲人の勞力によりジャワの開發をなさんとしたが、しかしファン・デン・ボッシュの總督となるや、これをもつて目下の財政的經濟的危機を救ふに足らずとして、これを改革して次の基本綱領を立てた。

1 土民と協定して或る一部分の水田を割かしめ歐洲市場に販路を有する作物を栽培せしむること
2 各村落にその所屬土地の五分の一を第一項の目的遂行のために提供せしむること
3 歐洲市場に販賣する作物の耕作と米作に必要なる勞働を減殺せざる範圍内なること
4 提供の土地に對する地租は免稅すること

5　耕作物は全部政府に引渡すこと、しかして物産の見積價格が地租以上なるものはその剩餘金は土民の利得として拂戻すべきこと
6　土民の怠惰に由因せざる耕作物の不作は政府において其損害を負擔すること
7　土民の作業については土民の首長をして指導せしめ、白人官吏は單に耕作收穫及び輸送等を監督すること

これは表面、土民に對し壓迫なき植民政策の如きを裝ひながら、これは全く虛僞的修飾であり、實は驚くべき虐使と誅求と、抑壓とをなせるものであつた。

この制度の實施により、國庫の獲た純利益は十億フロリン以上に達した。

この制度の發布は一八三〇年であり、この前年二九年の砂糖產額は七萬三千七百七十九ピクルであつたが、一八七〇年には、二百五十七萬七千十七ピクルに激增した。

コーヒーは二十八萬一千ピクルであつたが、一八五五年には百十四萬六千ピクルに增加した。

また一八二九年にはジャワには、煙草の栽培はなかつたが、一八六一年には、七萬三千俵を產出した。

貿易額は、一八二五年の輸出高は、千八百ギルダーであつたが、一八六五年には、一億千五百萬ギ

ルダーに増加した。

さきに東インド會社時代にあつては、舊王の權力をそのまゝに繼承して國土人民はすべて會社の所有であり、舊王土司は會社から土地を借りて、さらにこれを小作人に分配して貸與したのであつたが、今や政府は租税として人民より受納し、その全國の土地の所有權が變ぜられしとの理由の下に、その土地に植付くべき作物の種類を制限し、或る地方にはコーヒー、或る地方には煙草、香料、等を耕作せしめ、專ら歐洲の市場の狀況に依存せしめ、米その他の土民の必需品にしても、歐洲市場に需要なきものは、これを大いに制限して、土民の生活を甚しく脅威し困窮せしめた。

この強制耕作法は、ひとり人民が借地人として納むる租税に用ひらるゝ作物のみならず、政府が人民の所有品として、一定の代價を仕拂つて買收する作物にまでも強制した。この價格ある耕作物でも、政府に賣拂ふ外、他に賣ることを禁ぜられ、その價格は政府によつて公定された。

かくて歐洲市場には、コーヒーは盛んに輸出され、その白人の飮むコーヒーの芳香の中には、土民の赤き血の流れたことを何人が知つたであらうか？

土地法發布前なる耕作制度廢止當時と、その後の貿易額との比較

	輸入	輸出	合計
	單位百萬盾		
一八六五年	六一	一一五	一七六
一八八五年	八五	一二七	二一二
一九〇〇年	一二一	一五七	二七八
一九一〇年	二一九	二五八	四七七

この四十五年間に貿易總額の增加は、二十七割強、輸入は三十五割強、輸出は二十二割五分である。

一八三二年――ジャワ島の南部クラワン州において、支那人の謀反があつた。この年にスマトラにおける土民の戰爭は鎭壓された。

一八三四年――バイテンゾルグにある總督官邸は地震のために崩壞した。

一八三七年――オランダ王族ヘンドリックがジャワに來つた。オランダの抑壓政治は益〻苛酷を極めた。

一八三八年、一八三九年を通じ、オランダ本國への送金は益〻增加して、五千三百萬盾に上り、その後、年平均千六百萬盾の送金をなした。

かくて土民の負擔は極度に過重となり、その一切の生產勞働は搾取せられた。こゝに約七十年の間に、八億四千四百萬盾の純益がオランダ政廳によつて擧げられたのであつた。

憲法制定

一八四八年、オランダ政府は憲法を制定し、東インドの統治方法を確定し、これによりその植民地化は益〻積極的となつた。

當時オランダ本國にあつても、この植民地政策に關し、贊否兩論が囂々として論議、抗爭せられた。或る者はボッシュの献金をもつて大なる成功なりとし、或る者はこれを惡魔の笞によつて強奪せられたるものとして排擊した。

憲法の制定は、その蘭領植民地に對しても、その非人道的奴隷制を廢止するべきものであつたが、しかし何ら改革されるところはなく、むしろ植民地彈壓政策の強化に役立つのみであつた。

第六章　植民地の叛亂

バリ戰爭

一八四九年、オランダ軍はバリ島を攻略――その佛教の聖蹟に據る土民軍は勇敢に抗戰した。しかもオランダ軍の砲火は土民軍の陣地を破壞し、これを壓服した。

かくしてその一部に初めてオランダの侵略地を獲得した。

この年、オランダは、ボルネオの西部にも軍隊を送り一部を奪取した。

バリ島の強健なる女性達の美しき肉體は、その全島にあまねき華麗なる佛教藝術の端麗なるに比すべきものであり、しかも彼女等は、最も日本の女性と酷似せる性格、肉體を有せるものであつた。

彼女達は、オランダ人の野獸のごとき惡魔的行爲と殘忍なる侵略に、勇ましく反抗し、その綠の欝蒼たる樹林の中に、赤き南方の血を花のごとく流した。

支那人の叛亂

南洋華僑の勢力は極めて強大であり、オランダ人との抗爭は極めて激烈であつた。なほ彼等は苦力、奴隷として、オランダ人に買入れられる者も多數であり、種々なる方法によつて、誘拐されたのであつた。

香港には監獄のごとき苦力收容所が設けられ、續々と南洋、その他に移送された。そして彼等の虐待は動物以下のごとく甚しきものであつた。

一八五〇年西ボルネオのサムバスにおける砂金採集の支那人が叛亂を起した。オランダ政府軍は直ちにこれを鎭壓せんとしたが、ジャワの土民は、支那人に支援し、こゝに事態は甚だ重大となり、その動搖は擴大した。

かくて本國より多大の增援をなすことにより、漸く六ヶ年後に鎭定するに至つた。

一八五〇年蘭領東インド諸島間に交通連絡の便を開くため、蘭領東インド會社に保護金を與へ、汽船航路を各島間に開始した。

この船室の中には、鐵鎖に縛られた支那人、土民等の奴隷等が、地獄のごとき苦惱の中に、熱氣と病氣のために死するもの多數であつた。

無風帶の南海、紺碧の美しき波の上に、血ぬられし如き夕陽は、幾多の屍體の水中に葬られるのを悽愴に照らすこと屢〻であつた。

しかもこの奴隷の苦悶と熱帶の豊かなる物資の上に、ロンドンの權力も、アムステルダムの富有も依存したのであつた。

一八五一年――ジャワに奴隷船より發生したコレラが流行し、土民は悲慘なる狀態に苦惱した。

一八五二年――モルッカス群島に大地震あり、これに次いで津浪が起り、バンダ港は殆んど全滅した。

一八五三年――スマトラ島にもコレラ流行し、その勢は猖獗を極めた。

この年ボルネオにおいて、支那人は再び反抗した。

支那苦力は、マヅラ島にても叛亂を起した。

一八五三年――オランダ軍は、不法にも、これを機會にマヅラ島を攻略し、これをオランダ領となした。

第七章　侵略の强化

一八五四年――ハスカール博士はペルーから、多大の苦心の末にキナ樹の苗木を移送し、これを試植した。かくて五百本の中、生育したのは七十五本であつた、この年、蘭領東インドに新貨幣制度を布いた。

オランダ人のあくなき侵略的行爲は、益〻土民の反抗を激化せしめ、一八五九年、バンジャルマシンにても反オランダの騷亂が勃發した。――直ちにオランダは大部隊をこれに派遣し、土民軍を悲慘にも虐殺して、この地をすべて占領した。

一八五八年、オランダはスマトラ島東海岸シック王に對し、甘言をもつてこれを籠絡し、その間に條約を結び、恐るべき侵略政策を實施せんとする。

碧玉のやうな海面をオランダの軍船は舳艫相含んで進み、一衣帶水――東西兩洋の唯一の關門であつたスンダ灣を渡る。

スンダ灣は、元人はこれを順達灣と稱し、一巨船が海に横はれば、航海する能はざる程の狹き海峽である。

後年、ロシアのバルチック艦隊が日本に來襲せる時、このスンダ海峽を通過するかと疑はれしことがあつた。

オランダ船隊は、綠の鬱々たるバンカ島に向ふ。バンカは支那史にては、麻逸凍の名によつて知らる。この地の女子は貞操を尙び、夫の死するや、妻は髮を切つて、面に傷つけ、夫の屍體を守り、食せざること二十日に及び、この間、屢死するものあつた。しかももし死なざれば、その親族がいかに勸むるも再び結婚しなかつたと云はる。

スマトラ島の東北海岸のアサハンとセルダンの二州に對し、オランダは突如、兵を出し、これを攻略し、それにオランダの主權を確立した。

緑濃き龍涎香は闖入者のオランダ人を恍惚たらしめ、多彩なる極樂鳥が南の陽に輝く時、突如スマトラの欝々たる森蔭より、猛然、逞しき土民は野獸の如く飛び出して、白人の非道なる侵略に對する復讐をなした。しかも哀れなる土民は忽ち白人の精鋭なる武器の犧牲となるのみであつた。

スマトラの土民は、極めて歌舞を好み、すべての人々はこれに熱狂する。ことにスマトラ人は掛合歌を愛し、わが日本の歌合せのごとく、男女相集ひ左右の兩列に分れて坐し、一人が起つて歌へば、次の男女はまた歌をもつて、これに答へ、かくして相連續して、それに適する返歌を歌ひ得ないものが敗者となるのであつた。これには、古歌を暗誦することも、また新しき歌を創作することもあつた。

かくて今や白人の侵略、蹂躙を受け、彼等の敵愾心は、この歌合せの中にも、力強く反映した。嘗て南方の熱烈なる戀愛の歌を詠み合つた彼等——

男　深き海に水いかに深くも、天の水は雷とともに已むことなし。君を戀ふ我が心益〻深くも、我が想ひ遂げんすべなし。

女　美しき珊瑚の綠の水にゆらぐ、いかに藻は深くも、もし我を愛し給はば、何故か水に浮ばざる。

男　熱き火の山は心の深きを吐くも、煙空しく空に消え行く、わが心ひとり嘆息し、椰子の葉のみこれに騒やぐ。

女　煙高く空に上る時、星は何を待つ。月もし滿たば我を訪へよ。星は天に月を抱かんとす。

一八五九年五月七日――オランダ本國にて奴隷禁止令が公布され、翌一八六〇年一月一日に、東インドにても、これが實施された。しかもこれは單に名目のみで、その土民の慘澹たる奴隷的な搾取狀態には何らの變化もなかつた。

オランダの植民地的壓迫は益〻苛酷を加へ、こゝにセレベス島南部のボニー王が、憤然、オランダ排擊の軍を起した。

土民は極めて勇敢にて容易に鎭壓し得ず、こゝにオランダは、巧みに王宮の內部に賄賂して、王を毒殺せしむるに成功した。かくてボニーの戰は終り、セレベス島民は多大の虐殺を蒙つた。

第八章　强制勞働の反抗

ジャワ人は、苛烈なる強制耕作法の實施により、悲慘なる奴隷狀態に陷り、その多額なる生產物資は悉く國外に移出され、その生活は益〻窮迫した。

一八六〇年には「オランダ商事會社（マックス・ハフエラール）のコーヒー競賣」と題する小說が出て、それがいかに強制耕作法が苛斂誅求せるものであるかを、オランダ人自らがさすがに良心の苛責にたへず暴露諷刺し、それを批判彈劾したものであつた。

この小說は、多年ジャワ島にて副領事を勤め、詳しくボッシユの暴政を目擊したエヅアルト・トウベス・デッケルが、ムルタチユリなるペン・ネームをもつて、一八六〇年に書下したものである。

かくてこの不法なる奴隷的政策に對する攻擊が盛んとなり、この政策排擊の運動がジャワ人のみならず、オランダ人によつても叫ばれた。

市價二十五盾のコーヒーを政府は強制的に五盾以下にて買收徴發し、それを高價にてオランダ商事會社はヨーロッパにて賣却した、その驚くべき暴利、搾取の內情を痛烈に攻撃したものであつた。

この小說の影響はオランダのみならず、全歐に波及し、搾取黨はこれに對し何ら辯駁し得なかつた。

一八六〇年――北米合衆國に派遣せられし日本使節――安政六年九月、日米條約交換のため米國に派遣せられたる新見豐前守の一行――はバタビアに着し、時の總督シー・エフ・バクド（Pakud）と會見した。

この年、チモル島における、オランダ、ポルトガル兩國國境を限定した。

シャム國と修好通商航海條約を締結した。

一八六一年――スマトラ島西海岸に地震津浪があり、ターネード群島にマキアン山が破裂した。

一八六二年――ターネード群島に第二の火山が破裂した。

一八六三年――オランダはスラバヤの對岸にあるマヅラ島を全く確保した。

一八六五年には、關稅法を設け、特惠關稅制を布き、なほ一八七二年には、これを廢し、世界に對する通商を開いた。

土民旅行券の禁止

さきに強制勞働を強化して、土民を固定奴隷化するために、土民の旅行券制度が實施されたが、土民の反抗は益〻激化し、また本國においてもこの不法なることが彈劾された。かくて一八六六年、總督スルット・ファン・デ・ベールはその土民の旅行券制度を廢止し、幾多の苛酷なる搾取抑壓政策を改めることを企てた。また政府の栽培するコーヒーを減少し、漁業獨占權を撤廢し、また六年後に實施すべき、土民初等敎育制度及び對土民刑法を制定した。しかもこれは何ら土民に對する恩惠にあらずして、より効果的に資本主義的搾取を積極化するかにあつた。

一八六九年には、スウエズ運河が開通し、東インドとヨーロッパとの距離は著しく短縮し、かくて、一八七〇年には、オランダ汽船會社が設立され、本國との通商關係は愈〻緊密となり、その本國への利益は莫大なるものであつた。

K・P・M社の設立

蘭印と本國との關聯を益〻緊密ならしめんとして、一八六六年には、王國郵船會社なるK・P・M社を設立――これはさきの蘭領インド汽船會社の後身であつた。

農業法の制定

一八七〇年、オランダは強制耕作法を廢止し、農業法を發布して、土地制度を定めた。従來の栽培制度は、私人に土地の租借を許さなかつたために、ヨーロッパ人の個人的農業は存しなかつた。今や永借地法が公布され、こゝに白人の個人農業が大いに發達し、土民の窮迫は更に深刻化するのみであつた。

アチエの反亂

一八七二年――英國は遂にスマトラのアチエ地方に對する權益を放棄し、スマトラ全土はオランダの領土に歸した。しかもアチエ人は極めて慓悍なる民族にて、容易にオランダの主權には服さなかつた。こゝにオランダはアチエ人討伐を決意した。

この討伐の主將としてフアン・ヒユッツが任ぜられ、彼の殘忍なる性格は遺憾なく發揮された。

一八七三年――スマトラ島におけるアチエ人と、オランダ人は再び戰爭を始め、第二次の遠征軍が、同年十一月、バタビアを發して、戰地に向つた。

この闘戰により、アチエ人の虐殺されるもの五千に達した。

一八七六年――モロッケン島の內部に混亂を生ぜしめ、それに干涉して、二年に亘る戰鬪により、完全にこれを領有するに至つた。

國庫補助の不要

ワールの土地法實施は、著しき利益を生じ、一八七八年を最後として、オランダの國庫補助を不要とするに至つた。

かくしてオランダの資本主義は、この植民地搾取を全く新しき方法に變更した。

さきに強制栽培の奴隷狀態から解放された如くに見えた土民は、今や全く資本主義的なる勞働を強制され、公務に對し、徵發勞働がなされた。

一八七九年にては、公務賦役をなしたる土民は、二百二萬百三十六人、延日數三千二百十九萬七千五百六十一日、一ヶ年一人の勞働日數は五十二日であつた。

第九章　植民地政策の變化

アチエ戰爭

オランダはスマトラに對して、暴政を強壓し、こゝにスマトラの北端アチエに、土民の反抗が勃發、——それに對し、あくまでも暴力をもつて鎭壓せんとしたが、土民の憤激は強烈にて容易に服せず、以後數十年、オランダはアチエの反亂に苦しみつゝある。

コタラジャは一名クラトン、(王城の意) と稱し、歷代アチエの王城としてスマトラ北部の重要地點であつた。

一八七二年、ゼームス・ラウドンが蘭領東インド總督となるに及び、アチエ國サルタンは、シンガポール駐在米國領事と協約し、同國援助の下に反抗せんと企てた。

こゝに總督は一八七三年三月、アチエに對し宣戰し、一八七五年一月、遂にクラトンを占領し、これをコタラジャと改めた。

しかも土民は決してこれに服せず、到るところに反抗をなし、政府は兵を引くことを得ず、以後、三十年間、アチエは悲慘なる戰場となつた。

オランダ政府の消耗したる軍費は數億萬盾に達し、この財政は窮乏した。

オランダ本國の輿論はこれに反對し、一時、閉戰するのやむなきに到つた。

しかも一九〇三年、土民の勇將トックウ・オウマアルの死亡するや、漸くアチェ軍の勢力が衰へ、遂に一九〇三年サルタンは降服した。

一九〇四年、前總督フアン・ヒユッツはこの地に軍政を布いて、今日に及ぶ。

かくて嘗てマラッカ海峽の重鎭を占め、南海に覇を唱へ、あくまでも白人勢力に反抗したるアチェ王の堅牢なる城塞も、オランダ人のために破壞され、今や僅かにワリンギン樹――王城の壯麗を示す大樹の二株のみ存し、荒城の悲しみと民族廢亡の傷ましき歷史を回想せしむるのみである。

しかもアチェの土民の深刻なる憤激は未だ絕滅せず、常にオランダ政府軍に對し、烈々たる反抗の心を燃し、機會ある每に反亂を起して、悲壯なる民族獨立の戰を繼續するのである。

それ以後オランダ政廳の消費した軍費は七千萬盾に上り、兩軍の人命の損失は益〻甚大なるものであつた。

植民地工作

國庫の補助により、鐵道會社NIS社が設立され、スマラン・ソロ間、百二十五キロの廣軌鐵道が始めて一八六七年八月十日に開通した。これは日本の東京――横濱間の開通よりも五年前であつた。またバタビア――バイテンソルフ間の鐵道は、一八七三年一月二十一日であつた。さきにロンドン駐剳オランダ公使であつたフアン・ゴルトスタインが國務大臣となり、一八七五年、ジヤワ鐵道國有案を提出、通過せしめ、これによりジヤワの鐵道事業は著しく發達した。

一八七七年――バタビアのタンジヨン・ブリヨク築港の工事が着手され、八ケ年を要し、一八八五年に第一港が完成した。

一八七九年――バンタム州にては、家畜病及び熱病流行し、死者五萬に達し、家畜は殆んど全滅した。

一八八三年――バンタム州のクラタタン山が噴火し、さらに恐るべき饑饉が來り二萬四千人の死者を出した。このためにバンタム州の人口は大いに減少した。

一八九四年――オランダ軍は、何らの理由なくして、ロムボック島を攻略――同島はバリー島カランアサム王の支配下にあつたので、ロンボック王の滅亡するや、バリー島にも戰禍は及んだ。オランダ軍は遂にこれを攻略し、全く兩島を占領し自らの主權下に服さしめた。

一八八三年――スマトラ、ランカット地方における油田に對し、採掘權が初めて認可された。こゝに一八九〇年蘭領東インド石油採掘會社が設立され、スマトラの油田採掘が着手された。

一八九七年、明治三十年、日蘭通商條約が締結され、一八九九年、東インドに實施され、始めて、日本人の差別待遇は撤廢され、漸くにして歐米人と同樣の待遇を受くることゝなつた。

しかも、オランダ政府の日本人に對する態度は極めて神經的に不良であり、ジャワの土王、及び人民等の、親日的傾向を有するものを、すべて彈壓し、これを嚴重に監視するのであつた。

第五篇　第二十世紀初期の情勢

第一章　植民地制の確立と反抗

一九〇三年、東インドの地方分權的行制を認める法律が制定され、こゝに地方自治制が始めて確立された。

オランダ化の政策は益〻盛んとなり、一九〇八年には、支那人子弟の教育の目的のためにオランダ語の學校が設立された。

これは日露戰爭において、日本のロシア撃破は、まさにアジア全民族の覺醒を必然化し、アジア人のためのアジアの再建を自覺せんとする傾向に對する彈壓工作に外ならなかつた。

ジョクジャの土民醫師ワヒヂンは、土民の全く何ら敎育されず、無知盲昧に沈淪するを嘆き、土民啓蒙自覺運動を企て、一九〇八年、ブヂ・ウトモと稱する一團體を組織した。これは土民啓蒙運動の始めであり、知識階級を形成結合せんとする目的を有した。

臣民法の公布

東インド出生の支那人をオランダ臣民に編入するために、臣民法なるものが、一九一〇年に公布された。これはジャワにおける支那人が日露戰爭の影響により、益〻反オランダ的とならんとし、これを壓迫せんとする意圖により、早急に發布された。

法律上にては、オランダ國民及び東インド土民以外の外國人にして、東インドに出生せる者は、すべてこの臣民法の適用を受くることとなるのである。しかもオランダ臣民はオランダ國民にあらず、といふ矛盾を有するものである。

一九一一年民族擁護の旗の下に、サリカツト・イスラム——回教徒聯盟が結成、設立された。これは東インドの土民運動において最も有力なるものとなり、今日においてその政治的社會的勢力は益〻

強大化し、オランダ政府に對し、一大敵國たらんとしてゐる。

支那華僑の勢力は、今やオランダのユダヤ財閥と、一種の妥協をなし、こゝに從來、支那人はその居住地區外に出づる時は、必ず通行券を受けねばならなかつたが、一九一一年、鐵道沿線の地方に行くには、通行券は不用とされ、さらに一九一二年には、全制度が廢止され、支那人の交通が自由となつた。また同時に支那人の地方居住區域の制限も撤廢された。

スラバヤの支那人の不賣同盟

一九一二年二月十九日――スラバヤ在留支那人の職人等が支那人居留民團の役員宅を襲撃し、オランダの警吏及び軍隊と衝突――一大騷擾と化した。

翌二十日――全支の支那人商店は、一軒殘らずの不賣同盟をなし、全部店を閉鎖した。同盟は三日間、完全に行はれ、スラバヤの全市民は甚しく困窮した。この騷亂はバタビアにも波及し、支那人と警官との衝突となつた。

一九一二年十月二十八日――スラバヤにおいて、支那人とアラビア人との鬪爭が起り、バンギルに爭鬪が勃發――直ちにスラバヤに傳はり、相互に多數の死傷者を出した。この鎭定は容易ならず、約一月餘を要した。これこそ民族鬪爭であり、アジア人の自覺運動であつた。

第二章　ランダー事件

大正四年、(一九一六年) 一時各日本新聞紙にも報ぜられ、社會の耳目を動かし、大正五年には帝國議會にも提出され、外交問題となつたランダー事件は、オランダの日本人壓迫として、幾多の日本人壓迫の中――例へば明治四十一年、オランダ女王誕生日に際し、スマラン市中の日本人も、オランダ人と共に、各家毎に日の丸の旗を揭げたるに、理事廳の警察官が來り、日の丸を除くことを要求し、且つオランダの國祭に際し日本國旗を揭ぐることを不敬なりと強言した。スマランの日本人は、商人にて極めて柔順であつたが、この國旗侮辱には默止し得ず。總代を選んで理事官に面會を求め不法を難詰した如きものがあり。――これ等の中にても、ことに著名であつた。

大正三年、(一九一五年)十二月、蘭領ボルネオのランダー州サンガーと稱する地方のダイヤ族士民等の代表者六人が、日本人の住居地のランダー州スボバッに來り、ボルネオ特產物テンワカワン(イリップナッツ)と稱する油原料の果實の賣買を交渉し來つた。彼等ダイヤ人の云ふ所によれば、サンガー居住のマレー人が、ダイヤ人に壓迫を加へること大にて、ダイヤの損害少からず、その購入を切願したので、我は買入れんとし、マレー人の一盾をもつて十ダンカンを得るに對し、我は一盾八ダンカンにて買取るべしと契約し、二百盾の前金を支拂ひ、サンガー部落全部のテンワカワンの反對給付を約した。

大正四年一月、資金借入のためポンチャナ港に至り、支那人林梅六より資金借入をなし、前金として五千盾を借入れ、商品を購入して目的地に向ふ。二月十四日、サンガー村マレー部落シダスに着く。マレー人數十人來り、日本人は此地より深入して、ダイヤ族と商業を營むを得ず。もし強ひて爲さばランダー蘭政廳に護送監禁すべしと。

しかも、ランダー蘭政廳の大尉は、日本人がダイヤに銃器彈藥を賣付け、蘭政府に對し戰爭を挑發するものなりとのデマを捏造し、即時兵卒を武装せしめ、ダイヤ人二十一名をサンガーに護送した。日本人は直ちにランダー政廳に出頭して、この不法行爲を難詰した。大尉は彼等ダイヤの監禁せられたるは犯罪の證據歴然たるものにて、もし貴下等にして蘭法に牴觸せんか、また捕縛禁錮すべしと、脅迫した。我はこれに對しあくまで自重した。

大尉は、さらに、日本人は贋造貨幣を使用せり、或は英領サラワクの日本人とも氣脈を通じ共同してランダー州に侵入せんとするものなり、等と邪推し、またランダー州長を倒してラジャ（酋長）たらんとす、等の臆測を逞うし、暴言を吐いた。

四月十日、ランダー州在留の一日本人は、テンワカワン買出しのため、ダイヤ部落に出張中、蘭人中尉の指揮する軍隊に踏込まれ、彼が制規の居住券を提示せるに拘らず、中尉は部下の兵に命じて彼を捕縛し、銃口を腹部に擬して銃殺せしめんとした事件が勃發。

ランダー州長官は不法にも、日本人の商取引を壓迫し始め、――「本職は最早や日本人を保護するを欲せず」と言明した。これはダイヤ族が甚しく親日的なることを猜忌したことによるものであつた。しかも時に歐洲大戰中にて、かのドイツの美しき女スパイとして大いに活躍したマタ・ハリは、ジャワ生れにて、その母親は日本人であつたと云はれること等が、日本人に對し警戒したのであつた。

第三章　反植民地的獨立運動の激化

植民地政策の變更

オランダはこの植民地民族の反抗を激化するを恐れ、こゝに一九一二年、――東インド會計法を一新し、從來、東インド歳計の剩餘金は、すべてオランダ本國に取上げられてゐたのを、特別會計となし、本國の會計から表面は分離した。これはあくまでも土民に對する懷柔欺瞞政策であり、その一部の上層土民階級に幾分の利益を與へ民族獨立の意志を抑壓した。

國民參議會法

一九一六年十二月十六日、――總督の諮問機關である國民參議會法が分布された。國民參議會は法制上は、總督の諮問機關であるにすぎないが、それは土民懷柔工作の機關である。

一九一八年第一回の國民參議會がバタビアにて開かれた。まさに、それはかのインドにおける英國の僞瞞政策のためのインド國民議會の役割を爲すものであつた。

土民の社會的反抗

一九一八年――西ジャワの避暑地であるガルットの一土民が政廳の命に反抗し、一村の土民がすべて彼に從つて、大いに政廳に反抗――こゝに官憲と一大衝突をなし、悲慘なる虐殺を蒙つた。

一九二〇年――世界革命の餘波をうけ、糖業勞働組合員は一大ストライキをなした。政廳はこれに對し、一大彈壓を加へ、流血の慘を現出して漸く鎭壓した。

一九二三年――殆んど全ジャワ島に及ぶ土民の鐵道現業員の一大ストライキが勃發した。

これには幾多の思想的イデオロギーの混入せるものあり、或は左翼的、或は民族的、或は資本主義的自由主義、等あり、――しかも政廳は、その一大ストライキに對し、甚しく恐怖し、漸く武力を出し、これを彈壓するに至つた。

第六篇　東インドの土民

第一章　人口問題

土民人口の増加率

一八六〇年、一二三二四、〇九五人を基礎とすれば始めの十年間には増加率は、三二％であり、次の十年間には二〇％に減じ、

さらに次の二十年間、一九〇〇年までには、四五％に増加した。

なほ次の二十年間、一九二〇年間には、二五％に減少、

かくしてこの六十年間の増加率は、二七・八％であり、

毎十年の平均は、三百六十六萬人、

毎年は約五十萬人の増加となし得るのである。

面積の密度にては、一八六〇年にて平方粁九十四人であり、
一九〇〇年には、二百十六人となり、二三%であり、
一九二〇年には、二百六十二人にて、二七・八%の増加を示す。
一九三五年――人口は六千七十二萬強とされ、このうち四千百七十萬強はジャワとマヅラに集中してゐる、ジャワ、マヅラは毎年五十萬人づゝの増加を示す。

東洋外國人の増加

一八六〇年の一八一、七九二人を基礎とすれば、四十年後の一九〇〇年には、二九八、四三〇人にて六四%

その後の二十年間には、四一五、四〇七人にて、六十年間の増加率は二三%にて、毎十年に三萬八千九百人の増加である。

今日蘭印全土に在留する日本人は約七千人と云はれる。

歐洲人の増加

一八六〇年には、二二、六六三人であつたが、その後四十年後の一九〇〇年には、六二、四七七人、二七五％の増加。
後の二十年間には、七萬二千八百人にて、一一七％、六十年間の増加率は、六〇〇％
毎十年平均は、一〇〇％
現代において、歐洲人は約二十四萬人、
純オランダ人は五萬、オランダ人と土民との混血兒は十五萬人である。
殘りの四萬人が日本人をも含む外人である。
一九三〇年蘭領インドの國勢調査によれば、

	面積	人口
ジヤバ（マヅラを含む）	一三二、一七四平方粁	四一、七一八千人
スマトラ	四五六、八三一	七、九六七
ボルネオ	五九二、七〇〇	二、六一八
セレベス	一八九、〇三四	四、二三一
其他	五三三、六〇六	四、一九三

合計	一、九〇四、三四五	六〇、七二七

ジャバの人口は六千萬人にて一九三〇年の國勢調査には、

ヨーロッパ人	二四〇、二六二人
オランダ人	二〇八、二六九
日本人	七、一九五
ドイツ人	六、八六七
イギリス人	二、四一四
アメリカ人	六三四
其他	一四、八八三
土民	五九、一三八、〇六七
支那人	一、一九〇、〇一四
其他	一五八、九八九
總計	六〇、七二七、三三二

かくて土民は總人口の九七%を占めてゐる。

第二章　インドネシア民族問題

東南アジアの多島海としてのインドネシア地方の民族は、その上代においては、アジア太平洋圏の共通的種族に發したのであつたが、それ以後、大なる歴史的時間的經過によりまた自然的風土的影響と、さらに社會的經濟的文化的の作用によつて、幾多の諸民族に分派するに至つた、かくてインドネシア民族は、この祖先においては、上代日本民族と同一系に屬したのであつた。互に隔絶せる諸島、地方的に割據したことのためか或は信仰的に、或は風習の上に、或は生理的に、種々の變異を來たし、今日の雜多性を現出したのであつたが、しかもその本質においては根源的なる單一性のあることを推察し得るのである。

今やインドネシア民族は、それ自らの民族意識を自覺し、オランダ政權の本國における沒落と共に、日本の大東亞圏確立に對し、最大の願望と關心を拂ひつゝある。

インドネシア民族は、こゝに自らの民族的根源に還元することにより、始めて彼等の獨立性は獲得されるのであり、單に彼等が、西歐的民族學によるインドネシア民族としての規定に則する限り、決して本來の生命的運命的解放は不可能なのであることを自覺せねばならない。

ジャワにおいて、人類最古の「ピテカントロプス・エレクトス」の遺骨が發見されることは、また原始人類「北京人」の化石の發見とともに、益〻人類の發生の地域が、中央アジア地方に非ずして、むしろ東亞において、その發源が探究せられんとする時、益〻その民族問題は歐米的見地を克服して、東亞民族の根源性に還元することを絶對に必須とするのである。

かくして日本民族圈、上代日本神話圈の問題は、こゝ大南洋一帶の、諸民族の根源性に對しても、全く新しき見解の上にのみ、この本質は把捉せられるのである。こゝにのみ日本廣域經濟圈、大東亞皇化圈の原理的指導力が發現されるのである。

ジャワの土民

ジャワには三種族があり、西部スンダ地方のスンダ人、中央以東のジャワ人、マヅラ島のマヅラ人であり、東部ジャワ地方には多くのマヅラ移住人が生活してゐる。

西部ジャワ、プリャンガル縣からチエリボン縣地方に住むスンダ人は、マレー人に近く、この上層人は日本人のそれに極めて酷似、眼は黑色、または濃褐色身長はジャワ人よりも低く、その表情溫和、慇懃であり、體格は強健頑強であり、しかもその性格は勇毅果敢なるものである。ことにプリャンガル西方のスンダの女性は、最も日本人に近い美しさを示してゐる。

ジャワ人の骨格はスンダ人に比して、やゝ劣り、瘦形であり、その女性は甚だ纖細であり、その瞳は暗夜にも輝くといはれる如く明朗である。性格は溫順であるが、しかも他面甚だ南國的熱情を有し、愛情に豐かである。

マヅラ人は、男女ともに極めて剛健であり、その性は慓悍で、精力にあふれ、激情的であり、屢々發作的なる行動をなすのである。彼等は眞に熱帶的なる本能を具有してゐる。彼等はマヅラ島が四方海にかこまれ、土地も豐かならず、他地方に出稼ぎする者が極めて多いのである。スラバヤにおける筋肉勞働者は多くマヅラ人である。

第三章　スマトラの土民

マレー年代記によれば、マレー人種の祖先はスマトラであり、これより漸次海峽植民地に移住したものであると云はる。

古傳說によれば――太古、東西兩洋の支配者ラジャ・スランといふ者があり、海王の女なる一人が、魚と結婚してサン・サプルバと呼ぶ一子を生んだ。これがマレー人種の祖先であり、初めてスマトラの南部パレンパン・マハメル山の附近シガンタンと稱する小山に出現した。

一日、その山中に住める二人の少女が、夜中、あざやかに輝く光を認め、翌朝、小山に登れば、田畑に植ゑた稻はすべて變じて穗は金、葉は銀、莖は黃金色の眞鍮に變じたのを見た。さらに上れば、三人の男子が現はれ、その最長者は銀白の牛に乘りて王服を着し、他の二人の兄弟は君主の用ふる劍と鎗とを持つてゐるので、少女は大いに驚き、――何人におはすか、神なるや、妖怪なるや、と問へば、――我は神にあらず、人間なり、我は太陽神の後裔にて、その子孫を求めんとして來れるなり。と。

かくて彼はシガンタン山よりパレンバン河の流域なる大平原に降り、デマグ・デバル・ダウンと稱する酋長の女と結婚し、到る所に、その王として戴かれ、彼は中央山脈を横斷してメナンカボール山に入り、シ・カディムナと稱する巨龍を退治して、この地方の王となり、マレー種族中、最も高貴なるメナンカボール王族の祖先となつた。

その一族はパレンバンより海を越えてビンタン島――今日のシンガポールの對岸に至り、それより更にタマサク島に進み、シンガポールを建設した。

それ以後、第十世紀より第十四世紀の中葉まで、パレンバン王國は甚だ強大であつた。

唐の天祐二年（九〇五年）支那に入貢した三佛齋は、パレンバンであり、宋の孝武帝の時代に支那に入貢したカンダリーも、或はパレンバンならんと云はる。支那史には、カンダリーは南洋の一島における佛敎國であり、カンボチャ、シャムと風習を同じくし、花布、棉花、アレカナットを產し、四百五四年より、五二〇年まで支那に入貢し、また三佛齋は九〇五年より、一三七七年まで支那に入貢し、アレカナット、椰子、米、象牙、家禽、樟腦、等を出し、人民は椰子、アレカナット、蜜より造つた酒を飲み、六絃、小鼓等の樂器を用ひたと傳へた。

明朝にあつては、パレンバン王國は三國に分割され、その一はタマサク島にシンガポールを建てたが、一三七七年、ジャワのマジパヒト帝國のために侵略せられ、マレー半島に去つて、マラッカ市を建てた。

マラッカ市の建設は、十五世紀の初であり、以後、約百年、その血統は續き、一五〇九年、ポルトガルの艦隊が初めてマラッカに來り、屢くこれを攻擊し、一五一一年これを陷落せしめた。サルタンは逃れてジョホールに去り、同地に都を定めたがその後もポルトガル人のために攻められ、一六〇二年、オランダ人が來るや、サルタンはオランダと同盟してポルトガルの侵入を防がんとし、一六〇六年、これと初めて條約を結び、オランダはマラッカを占領せんことを約した。しかし當時マラッカと交戰中であつたアチーン人は、一六一三年、ジョホールに侵入し、サルタンを捕虜とし、ジョホールはアチーン王國に合併された。オランダはこれに對し何事も爲し得なかつた。

一六三七年アチーン王が死し、やがて王國も衰退し、ジョホール國が再び盛んとなつた。オランダは一六四一年、マラッカを攻略し占領した。

一六七三年――ジョホールはスマトラ南部のジャンビイと戰端を開き、ジョホールは焚かれ、サルタンは追放せられ。その從兄弟の一人が後を繼ぎ、リオに都を定め、オランダと同盟して、父の仇を復せんと計畫したが、一六八五年、彼は死し、その幼兒が、王位に卽いたが一六九九年臣下のために毒殺された。かくてサルタンの血統は一時絶えた。

たまたまスマトラの西海岸のマレー族なるメナンカボールと、セレベス島のブギス族とは、マレー半島に侵入し來り、逐次その勢力を大にし、――一七一七年、メナンカボール人は自ら前サルタンの後を繼いだ。しかも一女子のためにブギス人と勢力爭を起し、メナンカボールはジョホールを放棄して、リオに新しき都を定め、ブギスの王はこれを攻撃し、有名無實のサルタンをジョホールに擁立し、その勢力を確保した。かくて一七二一年より、一七八五年まで、實權を掌握した。

一七八四年――ブギスのマラッカを攻撃するや、オランダはこれと戰ひ、ブギスの酋長を殺し、更にリオよりブギス人を驅逐して、ジョホールにサルタンを再立し、初めてリオに理事官とオランダ軍隊を駐屯せしめた。

一八一二年――ジョホールのサルタンが死するや、第二子が次ぎ、一八一九年一月まで、英、蘭兩國の監督の下にあつた。

一八一九年――スタンフォード・ラッフルスがシンガポールに來るや、第一子を立てジョホールのサルタンと爲し、これよりサルタンの系統が二つに分れ、一はオランダの保護の下に、リンガ・他はイギリス保護の下にシンガポールに居住することゝなつた。

時にイギリスはスマトラ西南海岸ベンクレンに根據を定め、逐次西海岸に勢力を發展せしめ、一八二四年――オランダと協約を結び、西海岸におけるイギリスの根據地をすべてオランダに讓渡し、オランダは大陸、イギリスは島嶼に干渉せざることゝなつた。

それ以後、オランダはスマトラの各地に主權を認めしめ、一八二六年にはパレンバン、一八三七年にはスマトラ西海岸、一八七三年にはスマトラ東海岸、一九〇〇年にはジャンビイー、一九〇四年には、アチーンにオランダの統治權を確立した。

一九〇四年――三十年に亙つて交戰せるアチーンを屈服し、ファン・ヒユーツ總督は、アチーンに軍政を布き、一民政兼軍政知事の統轄の下に軍隊を駐屯せしめた。

現在スマトラに住する土民は、主としてマレ人種より出でたるメナンカボール人、他國より來れるバタク人、古代大王國を建設したアチーン人等より成る。

アチーン人

アチーンはスマトラの最北部にあり、海峡植民地に對峙し、古來よりアジア南部との交通が頻繁であり、かのアチーン王國が強大なりし時は、海峡植民地もこの勢力下にあつた。かくてアチーン人は、ヒンダスタン・キリン、マレー、ブギス、エジプト人とも混血し、今アチーン人と稱せらるるものは西方ニヤス島より移住した奴隷の發達せる者が多い。

アチーン王國は、今日の大アチーンと稱する地方を中心としたるスマトラ北部一帶を領有したのであつた。一サルタンの下に宗教的に統轄され、その領土は三箇のサギに分れ、各サギは若干のムキンに分れ、各ムキンは更に幾多のカンポン（村）に分れた。――各サギには各パングリマ、サギと稱する酋長あり、酋長の上に更にウルパランと稱する大酋長あり、ウルパランは領土内の治安維持に對し絶對權を[illegible]し、兵力をも有した。

バタク人

バタク人はスマトラ東海岸の一部及びタパヌリー州に居住する土民にて、幾多の種族に區分される。

バタク人はジャワ移民等の接觸により古來、比較的に發達したるものであつた。外國の影響を受けざる地方は、村落の周圍に城壁を有し、その外側に濠又は竹籬を設け、全く外界と交通を遮斷した。しかしイギリス人の侵入したる地方は、著しく荒廢し、村内には一本の綠樹をも有せず、一點の綠さへもなくせる地方もあると云ふ。

バタク村落には中央に四方開放の一堂を建て、村民の集合所、未婚者及び旅行者の宿泊所にあてる。

バタク人はアチーン人と同祖先より出でたる男系の三苗族（マルガ）より成る。

バタクの宗敎は、ヒンヅウ敎と回敎との混合であり、神を分ちて、上、中、下の三種とし、上神は天にあり、中神バヌワは中間にあり、下神は地下にあり、神をデバダと稱し、現世に住む神は主として、死者の靈魂（ベグウ）にして、山、森、村落等に住み、供養をなす者は保護し、しからざれば災禍を下すものとせらる。

第四章　ボルネオの土民

ボルネオとは、その土民の文化の中心がブルネイであることに因ると云はれる。

支那人、日本人は、すでに早き時代よりこれに來航し、幾多の影響をこれに與へた。

支那人はボルネオをプウニーと呼び、ボルネオの町プウニーと廣東との間の交通は極めて盛んであつた。

十四世紀には、ブルネイ國はジャワのモヂョパヒト國、マレーのマラッカに上貢することとなつた。

その後、アラビア人、ビサヤ人、支那人、日本人等が多く來航し、土民と交易し、抗爭し、文化を交流した。

ブルネイの王者の中、バキアの王のナカダ・ラガムは、八幡船隊の日本人系であり、劍と戰により、文化を建設、擴大した。彼はボルネオの東部を征服し、マラツカに遠征し、スル島（フイリピン群島を制壓し、南海に覇を唱へた。

一五二一年――ピガフエツタがヨーロツパ人として始めてブルネイに渡航した。この記錄によれば、當時のブルネイ國は、まことに隆盛を極めたことが明かにされた。――首都ブルネイは人口三萬五千あり、その宮殿は豪華、市街は極めて殷賑であつたと云はる。わが八幡船隊が、大いにこの方面に活躍したのであつた。

その後ブルネイ國はポルトガル人スペイン人と抗爭し、遂に一六〇〇年、オランダ人の來航となつた。

一七〇四年――イギリスの艦隊は、これを攻擊し、悲慘なる戰鬪をなし、英軍は退却した。

一七四七年――蘭領東インド會社は、ブルネイで交易を爲す特權を得た。そこに商館を設置した。

一七八五年――國王は貿易に關して結ばれた條約のために土民の反抗によつて退位――しかも所有權をオランダに讓渡し、自らは單なる臣下となつた。

かくてオランダは全島の七〇％を支配して、今日にいたつた。

ダイヤク族が多く、それは明かにアジアの蒙古族系のものである。ダイヤク族は、その神話において——太古、火と水との間に戰が勃發した。大地はすべて水に蔽はれ、火は消された。たゞプラウ（小舟）に乘つた者のみを殘して、生ける一切は悉く溺死した。彼等はかなり長い間漂流し、遂に酋長の娘を劍で殺し、それを水の犧牲とした。すると不思議に水が退いた。しかし小舟は元のところに歸らず、夫々違つたところに流された。そのためアポロ・カジヤンの人々は散亂して、その言葉も今日のやうに違つてしまつた、と。

その後、ブルネイは、十九世紀、ジェームス・ブルックが侵入して、サラワク王國を建設し、さらに英領北ボルネオのために漸次に蠶食され、遂にサラワク王國に併合せられるに至つた。

一八八八年——イギリスの保護領となりイギリス政府との間に結ばれた協定により、以來、外國との交渉は、すべて英國政府によつて決定せられるのであつた。

第五章　支那人問題

オランダ人は支那人に對しては、「便利な動物」とみなして、彼等を使用し、また土民に對しては、白人は人類中の最高のものであり、神の使として汝等を救ひに來つた、と豪語し、かくて彼等との直接の接觸を嫌つた。こゝにその媒介として支那人を利用した。

南洋出生の華僑をババ族と稱し、彼等は支那本國を知らず、支那本國には、すでに關心を有しないものであつた。

これに對し、支那出生の華僑は新客族《シンチー》と稱し、支那本國への觀念を有してゐる。かくてババ族と新客族との間には、一種の對立を示すのであつた。

新客族は、今や蘭印政廳に對するアジア人としての獨立意識を強化し、祖國を忘れたババ族を非國民と罵るのであつた。

この支那民族運動の強力なる發展は、オランダ人をして大いに驚愕せしめ、こゝに支那人彈壓のために、一九一〇年、「臣民法」を發布した。

臣民法とは、オランダ國籍法または住民權に關する法律に基くオランダ國人でないものでも、東インドに居住する父母によつて出生した外國人は、オランダ臣民となすとするものである。しかもその權利義務は、一般の居住外國人と同じものであり、オランダ國民でないのである。

これはオランダ政府は、東インド生れの支那人が、支那本國に對する觀念なく、それに對する執着なきため彼等をオランダ人となすといふことをもつて誘致し、新客族より分離せしめんとする意圖であつた。

しかもこの法律發布以前、オランダ政府の欺瞞政策を知れる支那民族運動者は、直ちにこれに對する猛烈なる反對を聲明し、さらに支那政府をしてオランダ政府に抗議せしめ、オランダ駐劄支那公使をして、これに當らしめた。

支那人は、中華學堂を建て、中華會館を設立して、支那民族意識を強化擴大せんとした。オランダ政府は、これに對し、オランダ支那學校を立て、中華學堂を抑壓した。また支那人の反抗を恐れ、通行券及住居制限を緩和し、なほ後にはこれを廢止した。

大正元年、第一次南京革命の成功するや、支那のアジア民族意識は益〻覺醒し、オランダ政府に對し、強抗なる對立を示した。

民國一年十一月二日から三日間、スラバヤ全市四萬の支那人が悉く不賣同盟をなし、大いにオランダ政廳を困窮せしめた。

この新客族は、ババ族にも強い影響を與へ、今や二族は漸く共同戰線を張るに至つた。

かくてオランダ政府は、華僑に對しては、むしろ受動的なる防衛をなすのであつた。

中華總商會なる商業會議所、中華會館、中華學校等の民族運動の諸團體の中心は新客族であり、ババ族はこれに追隨してゐるが、また支那人とインドネシア人との不和對立も、オランダ人に對すると同樣に甚しきものがあり、この點、日本人が土民に對する本能的親和性とは著しき差異を示すのである。

第七篇　北ボルネオの英國侵略

第一章　ボルネオのサラワク

碧藍のボルネオ海の上を、黄地に赤黑の十字を表はした旗を飜す信天翁のやうな船――それは北ボルネオのサラワク國の旗と謎の國としてのサラワクの船である。

サラワク王國は英領北ボルネオの西南に接し、支那海に面した一帶の地であり、その面積は十二萬四千粁であり、國内の中部には高峯が屹立するも、他は殆んど平低な波狀をなす地域である。蘭領との國境にはボルネオ島中央山脈系の一部をなした山峯が重疊し、漸降してダトウ岬に達する。海岸は喬木の繁茂する欝蒼たるジャングル地帶にて水陸の區分が極めて漠たるものである。大小無數の河川は國内を縱横に流れ、唯一の交通路となり、小型の汽船は數十浬も溯江することが出來る。

クチンはその首都であり、サラワク河の上流二十浬の地にある。クチンはマレー語で「猫」の意味である。

昔、ブルネイ領時代にては、サラワクと呼ばれ、マレー人と支那人より形成された人口千位の小村であつた。

サラワクの名稱が初めて西洋の記錄に見えたのは、一五三〇年、ブルネイに渡航したポルトガル人の一航海家が同國の港として擧げた中に、セラバァとあるのが、これに相當すると云はる。

サラワクの王妃シルビアの記せる「サラワク」によつて、その英國侵略の一面を知ることが出來る。この小著は、あくまでもイギリスのために辯護せるものであるが、しかも言外に惡辣なるイギリスの侵略政策を觀取することが出來るのである。

彼女は序文に――「現實の事がらを一々書き記すことは、甚だ厭はしいことであり、年月日なども煩はしいばかりで氣に染まないのである。あたかも美しい果實を手にして、わざわざ疵をさがすやうでもあり、花の花瓣をちぎつて、しんを出すやうなものである。

私はたゞサラワクを愛する。そして此の國をあるがまゝに見て、その深いビロードに秘められた神秘をひろげて行く時に、そのほころびのみを見て、つまらないと思ふやうな人々に、どう說明したらよいかと迷ふのみである。もしさうした批評家たちを、そのまゝ獨木舟に誘つて椰子の葉がさはやかな朝風に細かく打ふるう銀河の流れに棹さすならば、或は町の灯をすつかり消して、あの大空を仰がしめたならば、——いつも被衣を目深に、微笑してゐるマレーの若い娘たちのやうに密林の彼方此方からそつと覗いてゐるあの村々を見せたならば、——もしも此の國の魅惑と苦惱とを、たゞそのままに傳へることが出來たならば……」と。

第二章　第一代の國王ジエームス・ブルツク

ジエームス・ブルツク(James Brook)は、一八〇三年四月二十九日、ベナレスのヨーロツパ風の郊外であるセクロアと呼ぶ僻村に生れ、十二年間、インドに過して土着のインド人の生活に全く馴れてしまつた。熱帶の風物は、彼の全身にことごとく浸み込み、彼はヨーロツパの子供等とは全く異つた風に生長した。十二歲の時に、兩親はその地の風物が子供に及ぼす影響を恐れ、彼の祖母とともに故鄉のレーゲートに住はしめた。——セクロアからレイゲートへ移住せしめられた彼は、あたかもリホーの魅惑的な讀物の中から、つまらぬ平凡な冊子にうつされたやうに索漠たるものがあつた。

ジエームスはやがてノーウイッチの中學校に入學したが、それも僅か二年ばかりで、その二年間さへ、潑溂たる少年には堪へられぬほどに長いものうい年月であつた。彼はその不屈の精神をじつと抑へて來たが、遂にいかにしても堪へられなくなつて或る朝、出奔してしまつた。

しかも間もなく彼はレイゲートの祖母の家に歸つて來た。この頃兩親は彼に先生を雇つて勉強させるやうになつた。しかし眞に生徒の心の動きに注意して理解せんと勉めるやうな教師はなかつたので、インクにまみれた子供の手をとつて、たゞ世界の地理や歷史を敎へた先生の苦心も、全身に冒險の血のみなぎつてゐる少年の心には、何の効果もなかつた。遂に敎師も失望して――「お前は國々がどうして興つたのかを學びたくはないのか」と嘆じた。しかもジエームスは戶外の樹木から目もはなさずに――「いえ、しかし僕はさうしたことよりも、まづ自分の國を作つてみたいのです。」と答へた。

かくて十六歳の時、ジエームスは學問をすてゝ、第六マドラス・ネーチヴ・インファントリーの海軍少尉となり、直ちにインドに向けて出帆した。

一八二四年――戰鬪は開始された。ジエームスは子供の頃、泥深いセクロアの岸で、インド人の子等を相手に、海賊ごつこをしてゐた頃からの憧憬を、そのまゝに實現したのであつた。――爭鬪――流血――或は萬雷のやうな騎兵隊の攻撃などは、まさに彼にとつて最高の生きがひのある人生であつた。

彼の卓拔なる武勇は忽ち人の目を驚かした。一日、彼は劍を頭上に振りかざして――「これだ、これだ、このためにこそ俺は生れたのだ！」と叫んだ刹那――一發の彈丸は、彼の胸を射ぬき、彼は地上に倒れた。それから何ヶ月かは、生死の境をさまよつたが、漸く恢復するや、彼は幾分こゝろよい時に、そつと獨木舟に移されて長い間の憧憬の地から、むざんにも引きはなされ、はるばると故郷に運び返されれた

再びその地を見ることは望まれなかつた。――嵐をついて渦卷くあの大河の流れも、怒り狂ふ蠻人の頬にたぎる血潮かとばかり、物凄く吹き上げる泥土の岸も――

その後、彼は幾度も聯隊に入隊せんと志したが、運命はそれを許さなかつた。失望のあまり軍務を斷念して支那へ行くことに決した。

彼がヱシアチック・アーチ・ペラゴの島々を初めて見たのは、實にこの航海の間、支那海をよぎる時であつた。まだ何ら世に知られず埋もれてゐるその島々の無限の寶庫と儔比ひない美の世界は、冐

險を求める青春の胸に最大の感動を與へた。――甲板の上に立ち、この熱帶の島影を凝視する若き彼――この頃、彼の情念には貿易が大なる魅力であつた。貿易のためには資本が必要である。

彼は父にそれを要求した。父は子の切望に對して「お前は商賣をしに生れたのではない。又してはならないのだ」と反對した。しかしジェームスは、これに從はず、自らの信念に邁進した。

やがて彼の願望のごとく、二本柱の帆船フィンドレーが用意され、積荷も積まれ彼は友人ケネヂーとライトの二人とともに、再び遠く東に向つて出帆した。しかしこの航海も未だ彼の夢を實現するには至らなかつた。

一八三八年――彼の父は資金に飢ゑてゐる息子の手に僅かの遺産を殘して死亡した。ジェームスは直ちに船を買入れ、未知の世界に進發した。

八三六年の秋、彼は甥のジョン・ブルックと、親友ジョン・テンプラーとともに「ローヤリスト」と名づけた一四〇噸のスクーナーヨットに同乘して、南洋巡航の旅に上つた。――もし未だ英國船の着かない國へ航したならば、或は白人の足を印しない土地を踏むことが出來るならば――と彼は叫んだ。

彼がシンガポールに向つて出發したのは一八三八年の頃で、彼の運命はサラワクへと近づけられてゐた。

その頃、サラワクにはブルネイのラジャームダ・ハシムがそれを統治し、白人の勢力外にあつた。――ジエームスはこの地に來るや、勃然として、彼は自らの國土を建設せんとする野望に燃えた。彼は直ちに計畫し、國内における内亂を企てた。こゝに彼はサラワクを常に脅かす海賊と結合した。それによりブルネイ國王は大いに困窮した。この間に巧みに國王に接近し、海賊平定を約した。彼はここに欺瞞政策をもつて、海賊の首領を殺害し、海賊を抑壓した、今や一擧にして、彼の力は國内に壓倒的となり、サラワクの王位を窺つた。ブルネイ國王は、彼を信任し、遂にサルタンの稱號とサラワクの政權を與へるに至つた。

彼はアーキペラゴの全島に、スタンフオード・ラフルスの侵略政策を、實現せんと決意した。

この彼の政策は、ムダハシムやバドルチン等の親英主義者を王族の上流階級に作り出し、英國の侵略をすゝめた。その計畫を探知したブルネイのサルタンは斷乎として、民族の裏切者なる親英主義者のバドルチンを殺害し、ムダハシムをして、ピストルにて自殺せしめた。――或は却つて彼がこの二人の王族を謀略をもつて暗殺したとも推定せられる。

今やブルネイのサルタンは侵略者ブルックを擊破せんとした。こゝにジエームスは、インド及英本國に對し救援を求めた。

英國の南洋艦隊は急航した。ジエームスは旗艦アジンコートに乘艦した。他の艦隊はアイリス號、インリーア號、ハザード號、ローヤリスト號、スパイトフル號、フレジソン號によつて組織され、威風堂々、ブルネイに進航した。この大艦隊のために土民等は悉く威壓された。

フレジソン號は、レジャン河を遡つてカノウイットまで侵入した。

遂にサルタンの力に屈し、ジエームスの統治權を認め、この契約をヴイクトリア女王に呈した。

かくして英國のサラワク奪取は成功した。

一八四六年には、ラブアンとその附近の島々が英國に奪取され、翌四七年、ブルックはラブアンの總督に任ぜられた。

やがてブルックは故鄕の英國を訪問した。英人は悉く彼を熱狂的に歡迎した。女王はウインザー宮にて彼と逢つた。——サラワクの冒險談は英國の最大のトピックとなり、オックスフォードの學生等は彼の名を耳にするだけで興奮した。

しかも、サラワクよりの警報により、彼は最大の讃美を後にしてサラワクに急行した。時にサラワクにては、彼の不在を機として、スカラン族の首領マタハリが反抗した。

ブルックは始めマタハリを懷柔せんとして、あらゆる姦計を弄した。ブルックはマタハリを評して──彼は眞に美しい青年だ。顏も姿も端麗で凛然たる勇氣を持つて、しかも柔和で聰明な眼ざしを有し、あたかもアポロの像を思はせると、云ふ程であつた。しかもマタハリは白人に對する大なる反感を有し、反亂を決行した。──マタハリの名は、かの歐洲大戰の美しきスパイを聯想せしめる。

ブルックは直ちに大部隊を出して、これを擊破し、しかもその種族を絕滅した。──このことは餘りにも悲慘であり、英本國にても盛んにブルックが、罪なき人民を殺戮したことを批難し、その殘忍なる惡業を問責した。

ブルックは、さすがにこれに苦しんだ。大砲や武器の攻擊には慣れ切つた彼も、この新聞を通じての攻擊には全く良心的苛責に耐へられなかつた。しかもすでに年も取り、なほ天然痘を病らつて全く衰弱し、病後の容貌は醜惡化して、まるで見分けがつかぬ位に變り果てた。──彼の不屈の精神も、今や崩れた。しかも漸く英本國の惡評が忘れられる頃、再び他の暗雲が彼の上にかゝつた。それは一八五七年、支那人の反亂であり、まさにインドの暴動の二三ヶ月前のことであつた。

彼は土民の反亂に抗する力を失つた。彼は燒け落ちた王宮から逃亡した。熱病の後の弱化した身體で、河を泳ぎ渡り、泥土の岸に疲れ切つて橫はつてゐた。

彼はマレー人の間に逃れた。優しいマレー人は彼を救つた。

しかも數ヶ月後、クーチンには、物凄い暴動が勃發し、支那人は阿片と血とに醉ひ狂ひ、金鑛會社の坑夫頭は政廳に闖入して、王の椅子を占めた。

やがて、ダイヤ族とマレー族とは、この支那人の反亂を抑壓し、再びブルックは王位に復せしめられた。

ブルックの治世の終りに近く、一八六四年一月十八日、サラワクは英國から最初の領事としてリッケッツが任命にされた。ブルックは彼に云つた――「繁榮は必ず堅固な基礎の上に建設されねばならない。さうでなければ水の上の月影よりもはかないものである」と。

一八五九年、ジエームスは、彼の後繼者で甥に當るチャールス・ブルックに事實上、政府を讓り、彼はその後五ヶ年、イギリスに住んで名義上の後見をなした。

――「青年は恐れるよりも夢み、老人は夢むよりも恐れる、私も遂に擴げ過ぎた夢からさめた」と嘆じ、かく精神的にも絶望し、肉體的にも衰頽した彼は、晩年を淋しくデボンシアヤの荒野の一寒村に過し、一八六八年四月十一日、死亡した。

第二世　チャールス・ブルック

チャールス・ブルックは一八二九年、バーンハム、サマーセットの近郊に生れた。

彼は十年を海軍にて生活し、二十三歳の時、サラワクの軍隊に入り、叔父のラジャー・ブルックの傍にあつて多くの戰鬪に從事した。ヂュラウの撃攘、なほ海賊戰にも出で、支那人の鎭定にも戰つた。

ラジャー・ブルックの晩年、その後繼者として政治に與り、一切を處理した。叔父のブルックの冐險家的氣分と異り、チャールスは沈默で峻嚴であり、他を容れなかつた。彼は神秘なる威嚴をもつて人民を抑壓した。

一八六八年、ブルック一世が死し、チャールスはサラワク第二世となつた。

この後十八年にして、英國は、チャールス・ブルックをサラワク國の法律上の後繼者たることを確認した。その國の獨立を許し、サラワク王國は英國の保護の下に、チャールス・ブルックとその子孫の管理することを認めた。サラワクの對外政策は英國の監督の下に行はれたが、國內の統治に關しては英國は全く不干渉を約した。

サラワクにもキリスト教のビシャプが來り、土民や支那人の唱歌隊は英國の讃美歌を合唱し始めた。彼等は英國の國歌とサラワクの國歌を同時に教へ込まれた。

チャールスは幾度か土民殺戮を決行した。

ガットのダイヤ族が大いに殺害された。また後にコレラ遠征と呼ばれるウル・アイス征服の戰があつた。――一九一五年にも、ガットのダイヤ族が攻擊され、殆んど全滅に近かつた。

むしろ甚だ保守的で人民に對し親しみのなかつた彼は、晩年には益〻孤獨となり、氣むづかしくなり、一九一七年の五月に、死亡した。かくてこの長子バイナー・ブルックが王位に即いた。

第八篇　オランダの植民地統治

第一章　オランダ統治法

オランダ本國の五十八倍に及ぶ東インド統治の根本は、オランダ本國憲法の一部適用と、また植民地統治令である。

オランダの憲法は一八一四年に始めて制定され、翌年に改正された。この憲法規定にては、國王は植民地統治に關する一切の權限を有し、議會は植民地に關する國王の政策に關しては、何ら容喙することを得なかつた。

オランダ議會が植民地統治に參與するの權を得たのは、一八四〇年の憲法改正に始まるのである。この改正により、國王は議會に每年植民地の歲計表を提出せしめ、その餘剩金は本國の歲入となすことを、法律にて定むることゝした。

一八四八年、憲法はさらに改正され、國王は東インドに關する一般の立法權を有することとなつた。しかし統治令、貨幣法、會計法及び財政の管理また責任の様式決定に關しては、法律を制定する時は、議會の協賛を要すと定められた。

こゝに一八五四年、植民地統治令が制定された。オランダの植民地統治機關は、蘭領印度及び、南米、西インドの領土を、スリナメ及びキュラソーと呼び、二つに分つた。

一九二一年には、オランダ憲法は更に改正された。これにより東インドの立法及び行政を、東インドの政治機關に委任することゝした。

この主要なる改正は、

1、特殊の例外を除き、原則として立法並に行政を東インドの政治機關に委任したこと。

2、統治權と主法權とを區分したこと

3、國王の統治權限を規定したこと

4、國王の立法權を特定の場合に限つたこと

5、本國の立法府がその權限を行使する場合には、原則として國民參議會に諮問すること

かくて舊憲法に比すれば、立法に關しては、國民參議會に諮問さるべき事項が擴大され、行政に關

しては、總督及び地方行政機關の權限が擴張され、自治權が更に大とされた。

かくて統治令の根本方針としては、東インドの中央行政はインド評議會輔佐の下に、總督をして行はしむ。インド評議會の存在は總督の獨裁政治と職權の濫用を防ぎ、さらに行政の統一を圖らしむるにある。

オランダの主權保全は平和的手段を第一として、統治の方針は、物質的利益を能ふるだけ多く本國に供給すること。土民に對しては、漸進的發達を名目として、殆んど何ら民族的教育を與へず、その風俗習慣をむしろ放任せしめること。

第二章　中央行政府

總　督

總督はオランダ女王の名代として、東インドの政治を行ふ。資格は年齢三十歳以上のオランダ人たること。四親等以内に、副總督又はインド評議會副議長、議員または書記官である現職の人でなきこと。政府認可の公私企業の出資者又は保證人でないこと。東インドにおける商事會社、海運業に關係なきこと。東インドに土地を所有せず、又は借地人にあらざること。東インドにおける公共團體以外の發行にかゝる有價證券を所有せざること。

副總督の資格もこれと同樣であるが、副總督は一八五四年以來、任命されしことあらず。

總督の權限は極めて大であり、土王に對する宣戰及び媾和の權、陸海軍統率權、官吏、文武官の任免黜涉權、行政全般の統治權、及び一部の立法權を有する。

しかし實際には、一切の施政は、本國の植民大臣を通じて、オランダ政府に諮詢され、本國政府の命令に植民大臣を通じて傳達される。總督の任期は五ヶ年である。

總督の次の違法はオランダの最高會議の審問を受ける。

國務大臣の副署なき勅令又は植民大臣の命令によらざる勅令を實施したるとき。

東インドに施行さるべき法令又は植民大臣發布の律令又は條約を、故意又は過つて公布せざるか、もしくは實施せざること。

法令違反の命令を發し、又は決定をなしたるとき。更に刑事上の犯罪を犯したるときは、オランダにて普通刑法の制裁を受ける。
オランダ女王の親任高官にて、總督の任免權を有せざるもの——東インド評議會副議長、並に議員。會計檢査院及び同議員、高等法院長、陸海軍司令官、並に將官以上の陸海軍將校、及び國民參議會議長。

インド評議會

一六〇六年に設立さる。これは東インド會社時代よりの傳統的なる制度であり、過去三百年間、極めて重要なる役割を果し來つた

評議會の議長は總督であり、總督もまた一議員である。外に副議長と四名の議員ありて、評議會の全員は六人である。總督の議長は名目的であり、總督は副議長をして議長たらしめる。

評議會は議長なしで成立し得。評議員はすべてオランダ女王の親任であり、評議會に審議さるべきものは、一般の法令、歳出入豫算、緊急法規の制定、土民王侯との宣戰及び媾和、高級官吏の任免、その他の重要事項である。

東インドの安寧秩序に關する重大事件にして、評議會の意見が總督と一致せざる場合には、總督は自己の責任をもつて、その意志遂行の方法を執ることを得。但しこの時、總督は再度の會議を要求すべきであり、しかも議員がもし投票せざれば、總督一箇の投票が、決定權を有するに至る。

第三章　國民參議會

國民參議會は一九一六年十二月十六日附、統治令の修正追補に基く法律によつて設立された。それは第一次歐洲大戰において、オランダ本國が、その植民地の分離、反抗を恐れ、土民に對する妥協僞瞞工作の結果であつた。それは總督の諮問機關であるが、それは東インドの住民をして、やがて直接政治に參與せしめんとする豫備工作であるとされた。

一九一八年五月、第一次の參議會が開かれた。これはまさに三百年に亘る、オランダ東インド統治の一大變化となるべきであり、しかもそれは歐洲大戰に困窮せるための單なる辯解的なる糊塗政策にすぎなかつた。

參議會の組織は、始め三十九人であり、一九二一年の改選期には、四十九人に增加、さらに一九二七年、議員數は六十人に改正された。

議長は女王の任命、議員は三十八人は選擧議員、二十二人は任命である。

議會は通常議會と臨時議會とに分る。通常議會は二期の會期あり、五月十五日から八月十五日までの三ヶ月が第一期、主として豫算を議し、第二期は十月の第三火曜日より最長六週間にて、主として決算追加豫算を審議する。

しかも土民及び東洋人の議會における勢力は、オランダ人の數に壓倒され、何らその主張を實現し得ない狀態にある。

一九二六年十二月十六日――國民參議會に關する法律が公布せられた。

この主旨とするところは

1、立法と行政との區別

2、憲法又は法律によつて定められたる權限は、その行使を妨げらるることなし。しかして蘭印に

關する一般行政は國王の名によつて總督これを行ふ

3、法律によつて定められたる王室に關する無限の權限の外、法規によつて施行すべき蘭印内の一般行政事務に關する規定は、特に臣民の權利若くは國王に關する特定の場合に付法律によつて制限せらるるに非ざれば、一定の機關によつて之を定む

4、オランダ本國の立法機關は法律の規定又は憲法違反の事實を法律により若くは一般の利益を考慮して否認するの權能を保障すること

かくて更新された國民參議會は、一九二七年五月十六日に成立した。

六十名の議員に對し小黨分立の甚しきを示したのは、オランダ政府の植民地的獨立の統一勢力を排するためであつた。

一九二七年、政府黨と見るべきものには

1、政治經濟聯盟——一九一七年に成立せるもの、ウエストラ博士が首領となり、工兵少佐キースが幹事となる。國民參議會の最大政黨にて、主義綱領としては「蘭印における全般の社會的經濟的發展を期す」とある。

2、印歐人同盟——一九一九年成立、參議員ピーッが領袖である。綱領として「社會、道德、知識、經

濟の發展を期す」といふにある。

3、キリスト敎倫理派――一九一七年成立。ロンクフイゼンの主宰せるもの、主義として、言論自由の保障　救貧制度の確立、國防問題等を主張す。

4、インドカトリック派――一九一七年成立、シュッチエル博士が主宰す。主義はキリスト敎倫理派と類似す。

これに對し、非政府黨としては

1、ブデイ・ウトモ黨、――一九〇六年成立、ジャワの民族運動の先驅。合法的にジャワ人の自治を要求する漸進派。王領地なるソロ、ジョクジャが黨の根據地である。

2、蘭領東インド自由聯盟――一九一六年の成立、ケルクカムプ、オストマイエル等が領袖である。政綱は、民主主義による東インドの自治を要求す、敎育の普及改善、印歐人差別撤廢、議會權限擴張、國民の經濟的發展を期す。

3、インド社會民主黨――この前身は一九二三年、バタビアにおいて、コッホ、フアン・ウエーゼル等によつて結成された「民主協會」であり、資本主義に對する鬪爭を原理とする社會主義的政黨である。この領袖にはストックビス、ミッデンドルフ等がある。資本主義的植民政策に反對する。原始的生産方法に拘束されてゐる大衆は經濟的社會的に現代資本主義の利得から保護せらるべきこと。外國資本家は利得の維持、若くは増加のため必要ならざる限りは植民地からその利得の奪取者であり、又資本利得の移出者である、しかして國民の利得と富の増加は停止さるものなること、有力なる植民地の官僚は資本主義の感化を容易に受入れ民主的發達を阻止し、社會的政治的政策を妨ぐるものなること。

第四章　地方行政

蘭領東インド全領土の行政は、二大別される。一はジャワとマヅラであり、他は外部領地である。ジャワとマヅラとは、もと十七縣に區劃されてゐた。そのうちソロとジョクジャの二縣は王領地として土民の自治領であつた。

しかも一九二二年、地方行政區劃及び組織に關する統治令が改正され、ジャワの地方行政區劃が三大別にされ、西部ジャワ州、中部ジャワ州、東部ジャワ州の三州となり、王領地にも、新しくスラカルタ廳、ジョクジャカルタ廳が設立された。

西部ジャワは、九縣となつた。——バンタン縣、バタビア縣、バイテンゾルフ縣、カラワン縣、西ブリヤンガル縣、中央ブリヤンガル縣、東ブリヤンガル縣、チエリボン縣、インドラマユ縣

中央ジャワ州は四縣

ペカロンガン縣、スマラン縣、パニユーマス縣、クヅ縣

東部ジャワ州は六縣

スラバヤ縣、マヂウン縣、クヂリ縣、パスルアン縣、プスキ縣、マヅラ縣

外部領地の行政組織も、その根本はジャワと同じである。全部で十六縣ある。

土民自治州

二王領地はジャワのソロ、ジョクジャの二州であり、土民自治州は外領の各地に散在し、その數は

大小合して二百八十九州の多きに達する。

従來、オランダの東インドに對する政策は、東インド會社の目的が通商貿易を主とし、この重商主義のために、各地の土王と種々の條約を結んだ。かくて直接の行政は、土王或はその血統のものを當らしめ、會社は間接に指導監督をなし、それにより多大の利益獲得、掠奪、搾取を企てたのであつた。

東インド會社の解散後政府の直轄政治となつた後、政府はその主權を掌握し、土王をしてそれを承認せしめたが、しかも直接の行政は、會社時代と同じく、土王をして、それに當らしめ、土王にその領土權を許し來つた。かくてオランダ政府と土王との關係は、條約による契約行爲であつた。

1、土王の領地は蘭領東インドの領土内に屬し、その主權はオランダが有することを土王は承認しなほオランダ女王に忠順を誓ふこと

2、土王は總督の承認なくして他の土王と文書の往復をなし、又は勝手に外國人の入國を許さざること

3、土王は奴隷賣買を禁止すること

4、甚しく公義人道に背かざる限り、オランダ政府は土民の民族的習俗、もしくは慣習を尊重する

こと

5、自治州内の土民行政に關しては、一般法規又は命令に反せざる限り、オランダ政廳は、なるべく干渉せざること

6、土王は海賊その他の掠奪行爲の防止に努力すること

オランダ政府は、その表面の契約をば巧みに利用して、却つて土王を壓迫し、機會ある毎に土王との條約を廢棄し、政府の直轄に編入することに努力した。

かくて條約違反を名とし、あらゆる口實をつけて土王を廢止し、或は流罪し、或はその血統を斷つことに謀略をめぐらし、または一時、豪士や貴族の子孫をして虛位を擁せしめ、しかも時機を見て廢絕し、これを直轄領として占領する惡辣非道なる姦計を弄した。

土王自治州は近年に至り、その統治法も變化し條約や契約も簡單となり、「簡易宣誓」と稱せられるのであつた。

1、當該地域は、蘭領東インド地域の一部をなし、オランダの主權に隷屬する　土王はオランダ女王及び東インド總督に忠順を誓ふこと

2、土王は他國と政治的約束又は關係を結ばざることを誓ふ

3、土王は政府の發布する法令を遵奉し且つその實施に努むることを誓ふ

ソロは正しくはスラカルタと稱し、マタラム王朝發祥の地であり、近世史におけるジャワの政治、文化の中心地であつた。かの中世の最大王國を建設したマジョパイト王朝傳統の黄金の王冠は、デマック王家からマタラム王家に移り、現在のソロ王家に傳つてゐる。

ソロ王は、「ススーナン」（ジャワ語の王）と稱せられる。ジョクジャは正しくはジョクジャカルタと稱し、一七五五年、ソロ王朝マタラム王家から分立した王家であり、王は回教の王號サルタンを用ふる。

第五章　土地制度

一八七〇年に土地法（Agrarischewet）が始めて制定された。これによれば所有權の確認されざる一切の土地は、すべて國有地とする、と規定された。

しかも土地法制定以前に、土民の土地權及び所有權がオランダ政府の財政政策によつて、甚しく横暴に掠奪された。東インド會社時代における土地政策は――占領したる土地は、すべて會社の所有である、と宣言し、土民の私有地を歐洲人や支那人に、勝手に競賣して、收入を大にした。まさに土地強奪の極度を示した。かくして幾十萬の土民は、その平和なる生活を拒否され、幾百萬の土民は、長年月に亙り、言語に絕した悲境に沈湎せざるを得なかつた。

この深刻なる怨恨は、今日においても脈々として土民の心を貫き、必ずや自らの王國の復興を彼等は確信しつゝあるを見る。

東インドにては、原則として土地國有制である。市街地又は町村の所有權の外は、オランダ人を始め、何國人にもすべて許可されない。しかも多くの私有地の存してゐるのは、過去におけるオランダ人の土地掠奪の結果であつた。

また私領地は、主として東インド會社時代に、一村又は數村或は一郡等の廣い土地が、私人に賣拂はれたものである。なほこの所有權の讓渡には、公法上の權利なる領地支配權までが、一私人に讓渡された。こゝにかゝる土地にては、今日でも、所有權者は、土民に對し、租稅及び行政上、ある程度までの支配權を有し、まさに領主をなしてゐる。

土民の占有地にては、法律上の所有權は、國家がこれを有し、土民は變體的な條件附きのものを有するのみである。

第六章　貨幣制度

蘭領東インドの貨幣制度は金本位制度を採用した。――一八七七年、東インド貨幣法の制定によつて、銀本位制から金本位制に移行した。この採用はオランダ本國より後るること僅かに二年であり、アジアにおいて最初であつた。日本の金本位制の採用は明治三十年、一八九七年であつた。金本位制はオランダ本國のそれに倣ふたものであつたが、次の二項のみは異る。

1、東インドにては中央銀行發行の紙幣の兌換には金貨を以てせず。名義貨幣である銀貨で兌換する。流通法貨は銀貨であり、金貨は市場に流通しない。金貨はただ、對外爲替調節のため、東インド内とオランダ及び外國の金融市場に貯藏されてゐること。

2、東インドには獨立の造幣局のなきこと。

——かくて東インドにては、金爲替本位制であつた。東インドの銀貨と本國の金貨との交換率は一定してゐる。對外貸借は金貨で決濟され、金爲替本位制を支持して、銀貨の價値を維持し本國との爲替關係を平衡ならしめるために、時には人爲的方法が必要とされる。それはジャワ銀行が常に本國の中央銀行なるネーデルランド銀行の援助と協力とを得て、行ふのである。

東インド金本位制を採用するには、大なる困難を經たものであり、東インド會社時代には貨幣法は存せず、政府の直轄後にも、始めは濫發された銅貨と銀貨とが、法貨として無制限に流通され、また外國製の贋造貨幣も多額に輸入されたこともあつた。

また或る時には、不換紙幣も發行され、十九世紀前半にはその貨幣制度は甚しき混亂に陷つた。

銀本位制は一八四七年に採用され、これにより混亂せる貨幣を幾多の苦難の中に整理したのであつた。

第七章　蘭印の軍備

陸軍はオランダ本國の陸軍とは別箇のものであり、總督が統帥する。兵備は約五萬、そのうち純オランダ兵は約一萬、殘りの四萬は土民兵である。

土民兵はマヅラ人、アンボン人等の體格の強健にて、慓悍なる種族を主とする。

土民兵は長期に亙る訓練により、職業的の兵隊として編成される。兵士は兵營にては、家族と共に生活するのである。

蘭印の海軍は、オランダ本國海軍の一部が蘭印に派遣されたものであり、總督が統帥する。

その艦隊は、一萬トン未滿の巡洋艦三隻、砲艦二隻、驅逐艦六隻、敷設艦五隻、潛水艦十六隻を有する。

空軍、今次大戰以前には、戰鬪機、爆撃機、合して僅か百機ほどであつたが、その後、極力、增強して、現在では、六七百機を有するに至つた。

軍備强化

一九三八年八月末、大戰勃發するや、蘭印政府は九月四日附官報にて、オランダ本國政府の中立宣言を聲明すると共に、蘭印の嚴正中立を宣言した。しかも直ちに軍備の積極的擴張に全力を注いだ。九月二日には、蘭印全域に戒嚴令を布いた、更に國民參議會に對して、戰鬪機、高射砲、海岸砲を購入し、一九三九年度の軍備強化のため、約六百五十萬盾、一九四〇年度追加豫算として約二百八十萬盾の豫算案を提出した。

國民參議會は、これを直ちに通過せしめ、さらに、一九四〇年二月、防空及び海岸線防備資材整備費として、約九百六十萬盾の追加豫算を可決した。

かくて一九三九年の海軍費は總計約八千六百五十萬盾、一九四〇年度は八千百六十萬盾となつた。

第八章　植民政策の發展

十九世紀のオランダ國内にては、新舊兩敎派の對立甚しく、また保守自由兩政黨の抗爭も激しく、政黨も政府も徒らに政爭に沒頭せるために、東インドに對しても何ら一定の植民政策は確立しなかつた。

この時に、植民政策に一大革新をもたらしたのはファン・デフェンテル(Van Deventer 1857—1915)であつた。彼は一八七九年、ライデン大學の卒業論文に、「憲法上より見て我が植民地は王國の一部をなすや」を書き、植民政策の革新を力說した。

一八八〇年、彼は司法官として初めて東インドに渡航し、後、官を退いて、辯護士となつた。一八九七年、オランダに歸り、十七年間、現地において得た知識と體驗とにより、雜誌「デ・ギッヅ」にて「德義上の債務」と題する一文論を發表した。彼はこれにて、東インドの植民地政策の不合理極まる搾取、壓迫を痛烈に暴露、批判し、植民政策の根本的變革を切望した。この論文は、オランダ本國人に深刻なる影響を與へ、囂々たる輿論を喚起した。

一九〇四年には、植民大臣の依囑にて「ジャワ、マヅラにおける土民の經濟狀態」なる報告書を作成した。その後、彼は下院或は上院議員となり、植民政策革新のため全力をあげて、政界に戰つた。

彼は力說した――東インドは、三百年來、その國土、人民は一切をあげて、オランダ本國のために最大の盡力をなし來つた。かくて彼等は悲慘にも消耗し、枯渇せんとしてゐる。この激甚なる掠奪と苛酷なる迫害とに對し、今や本國はその非を改め、あくまでもその罪の償ひを爲すべきである。それこそオランダの當然になすべき義務である。それはまさに正義人道の儼として命令するところである。

彼の具體的實證に滿たされた論文は、さすがにオランダ本國人も、自らの罪惡に直面して、良心はその非を悔いた。ことに倫理派と稱する一派が、彼の論文に共鳴し、植民地政策革新の綱領を發表した。それは、東インド土民を精神的にも物質的にも、發展向上せしめ、健全なる社會生活を營ましめさらに東インドを自主獨立せしめんとする理想を示した。かくてオランダは、まさにこの理想を實現するために、彼等を搾取より解放し、指導すべきである。これとともにデッケル（Douwes Dekker,

1820—1887)は小說「マックス・ハフエラール」(Max Havelaar, de Koffi —— Veilingen der Nederlandsche Handel Maatschappy)を書き、強制耕作法のあくなき搾取を暴露諷刺した。また自主主義的なる政策を主張せる者に、下院議員フアン・ホイフエル(Van Hoëvell, 1812—1879)植民大臣のフアン・デ・ブオシユ(Van den Bosch, 1780—1844)等があつた。

さらにスマランのロコモチーフ紙の主筆ピータル・ブロースホーフト(Pietar Brooshoft, 1845—1921)も、デフエンデルと共に、オランダの植民政策の革新を力說した。

このために、一九〇一年九月——オランダ女王は——ジャワ土民の福祉減退の原因を調査せよ、と命令した。

かくて翌二年、總督府令第三十一號にて、調査委員が任命された。これは後に、福祉減退委員會といふ綽名をもつて呼ばれるに至つた。

この調査にて、土民の社會及び經濟狀態に關し、極めて詳細なる報告書が作られた。調査會は、土地法の缺陷、租稅の苛重、產業の減退、萎微、等を暴露し、その改革を主張した。しかしこの調査會の意見は實施されなかつた。

このことは、十九世紀末のジャワの經濟情態が、あまりにも悲慘に困憊したことを、本國も認め、しかも最も好況の農事及商事會社や銀行の配當率が僅か三歩か四歩であつたことがその調査をなす主要動機となつた。

第九篇　インドネシア民族獨立運動の展開

第一章　ジャワ人の覺醒

オランダの抑壓政策は、土民に對し、無教育主義を強壓し、このために十六世紀までは極めて活動力に富んだ土民をば、全く無氣力となし、服從と卑屈に慣れしめ、一切の能力を喪失せしめた。日露戰爭の日本の勝利こそ、ジャワ人の民族的覺醒を刺戟し、ジャワ人の民族的獨立を主張するために醫師ワヒヂン（Wahidin, 1880—1916）は、一九〇六年、その運動を開始し、ブヂ・ウトモ黨を創設した。

さらに回教徒聯盟の濫觴である、ソロのバテック業者の組合サリカット・ダカン・イスラムが、一九〇七年に組織された。

一九一二年にはジャワ人の政治運動の口火となつた參政權獲得運動が決行された。これはオランダ人のデッケルの思想的煽動もあるが、その中心的指導者は、ジャワ人ジプトであり、彼は最も積極的なる民族主義者であつた。

ジャワ人は、その怨恨の的である強制賦役に猛然と反對し、漸く一九一三年にその撤廢の法案が通過し、さらに歐洲大戰勃發し、益〻民族的獨立運動は激化した。オランダ政府はこれを緩和、僞瞞せんとして、一九一六年には、強制賦役を全廢するに至つた。

しかも強制賦役を廢した代償として、丁年男子一人につき、一年一店の人頭税を新に賦課した。

總督リムブルフ・スチルム（Limburg Stirum）は、一九一六年より一九二一年まで、五ヶ年間在任し、この間、歐洲大戰、自由主義民主主義の氾濫ありて、植民政策にも大なる變化を必然にもたらした。

國民參議會は、スチルムの時に開かれた。當時、政廳が要視察人として警戒してゐたサリカット・イスラム（Sarikat-Islam）の會長チョクロ・アミノトを官選議員として任命せざるを得ない狀態であつた。

一九一八年、第一次の參議會に政府總務委員をして演説せしめた總督の一の宣言がなされ、「十一月の約束」と稱された。

その主旨は――オランダ本國の政策も、最近の世界的突發事變なるドイツの革命及び休戰條約等の影響を受け、一轉機を爲さんとしてゐる。

東インドもまた當然、本國の影響を受けざるを得ない。その來るべき政策の變化は、或は變化といはんよりは、むしろ既定の政策の實現の時期を早めんとするものであるといふ方が適切であらう。政府と國民參議會とは、今や新たなる關係を結ばんとし、立法權は委讓されんとしてゐる。改正案は現時まだ確定してゐないが、政府と參議會の職責は、さらに重大を加ふるとともに、相互の協力が、一層緊要となることは明かである、と。

それに次いで翌十二月、政府は、具體的なる決意を聲明し――東インドの統治組織の政策といふことは、國民參議會の權限を擴大し、地位と權能とを實質的に革むることにあらねばならぬ。卽ち現在の純然たる諮問機關を、完全なる立法機關に改變し、行政に對し直接の發言權と監督權とを與へねばならぬ、と。

――この政府の妥協、讓歩により、土民の民族運動は俄然、尖鋭化した。

こゝにオランダ人は、スチルム總督の政策に不滿を示し、ことに十一月、十二月の宣言は、本國議會にて反對論が續出し、植民大臣も同意せず。遂に實施することを得なかつた。

スチルムは辭任し、その後任に、第六十四代の總督にフォックが立つた。彼はさきに一九一九年、當時、下院議長であつたが、豫算案の討議に際し、議長席を下つて、植民地に關する大演說をなしたが、スチルムの「十一月の宣言」を論じ――東インドの國民參議會を完全なる立法府となすには、時機尚早である。昨年東インド政府の聲明した立法權の委讓といふやうなことは、同政府の空想にとゞまるものである、とて大いに反對した。

彼は嘗て植民大臣をなせる人であり、着任するや、施政綱領を、整理、緊縮、淘汰であるとし、財政整理に全力を注いだ。かくて官吏の人員を減じ、費用を節し、東インド政廳未曾有の大削減をなした。その緊縮政策は必然に不景氣を襲來せしめ、失業者は增加した。

かくてこの不滿は、一九二三年、共産黨首領のリードによつて起された、鐵道士民從業員の大ストライキは、一九二六年十一月十二日夜來の、バタビア市の共産黨の大暴動にまで激化した。

第二章　サリカツト・イスラム

バテック――書吏紗業はジャワの手工業中最も發達したもので、また最も古い歷史を有してゐる。

しかも十九世紀の後半より、支那人がそれを業とするや、忽ち大なる勢力を占め、漸次ジャワ人を壓迫するに至つた。ジャワの原始的なる製法は、支那人の機敏にして巧妙なる方法に敵し得なかつた。

かくてソロのジャワ人は支那人に對して激烈なる反感を抱くにいたり、ソロのバテック業者は結足して支那人業者に對抗し、自らの經濟的地盤を防衛せんとした。

時に、一九〇七年、ジャワの同業者中に、ハジ・サマンフヂなるものがあり、熱烈に團體の結成に努力し、それを指導した。その名はサリカット・ダガン・イスラム――回教徒商業組合と命名された。サリカットはマレー語の「聯盟」ダガンは「商業」である。またソロ人で、メダン・プリヤイの主筆であつたラデン・マス・テルト・アヂスルヨといふ者は一九〇九年、バタビアにて同じくサリカット・ダガン・イスラムを結成し、さらに一九一一年、バイテンソルフにも、同一の組合を組織した。彼等はジャワの民族意識を強調し、諸地方に遊説して、多數の同志を獲得することに成功した。

しかもソロにおけるジャワ人と、オランダ人、支那人との對立反目は益々尖銳化し、屢々流血の慘が現出した。

一九一二年、ソロの理事官は、この不穩なる形勢を見るや、組合の解散を命じたが、これは却つて土民等の激昂を高め、こゝにサリカット・イスラム黨の新しき結成を必然化するのであつた。

この回教徒聯盟には、ジャワ人、スンダ人、マヅラ人等の諸民族を包擁し、回教の旗の下に團結して、オランダに反抗せんとした。――今やダガンなる「商業」の文字は取のぞかれ、彼等の決意は愈ゝ確乎たるものとなつた。

一九一八年、開會の國民議會にて、任命議員として議席に上つた同會會長チョクロ・アミノトは宣言して――「初め商業組合の名を用ひたのは、成立當時は土民の政治團體は許可されず、しかも政府の監視は、嚴重峻烈を極めたからであつた。なほ法律が土民に與へて居る權利は甚だ制限的である。經濟上にも土民は解放されることがない。回教徒聯盟の運動が政治化したのは止むを得ざるところである。」と。

從來、土民の政治結社及び集會は、植民地統治法第百十一條によつて、堅く禁止されてゐた。しかし一九〇三年――地方分權制の發令とともに、幾分、緩和された。

なほ一九一五年、國民參議會開設に關する法規に先立つて解禁令が公布され、一九一八年、國民參議會の開會とともに實施された。

回教徒聯盟は、五十人以上の會員を有する地方には、各獨立の會を設立した。この諸地方の小會は見る見る發展し忽ち一大聯合を必要とする狀勢に迫つた。――政府は始め、諸地方に分散し、それをむしろ相互に對立せしめ、一大勢力の結成を阻碍せんと意圖したのであつた。しかしこの政府の企圖は全く反對となり、すでに勢の激するところ、いかんとも爲し得ざるものとなつて、かくて政府の分割統治主義は全く失敗した。

一九一五年、地方支部を結成して、ソロ市に「中央サリカット・イスラム」を設立し、政府はやむを得ずこれに許可を與へた。今やこの統一的團體により、回敎徒の勢力は俄かに激增し、益〻積極的なる民族的獨立解放運動に展開せんとするのである。

第三章　土民の諸政黨

土民の政治的團體や秘密結社は、その數まさに數百に及ぶものがある。その中にて主要なる政黨としては

ブヂ・ウトモ黨（Boedi Oetomo）略字B・O

これはサンスクリットより出でし言葉にて、「最善の努力」の意である。この創設は醫師のワヒヂンの獨力によるものであり、民族的啓蒙運動として出發した。彼は自らの技術により、バタビア土民醫學校の學生を最も積極的に動員組織した。彼はこゝに、一九〇八年五月、學生團を主體として、初めてブヂ・ウトモなる團體を結成した。彼は土民の民族意識を強調するために、日刊新聞を發刊して、大いに宣傳敎化に努めた。かくて學生層を始め知識階級は忽ち積極的に集結し、民族的一大勢力と化した。

一九〇八年十月――ジョクジャにて、各地支部の大會を開き、こゝに中央ブヂ・ウトモが成立した。大會にて新しく會規を制定し、會長の選擧を行ひ、元代政官であつたラデン・トマングン・アリア・テルタクスマが會長に當選した。

翌九年、法人の認可を得、會員一萬餘を有するに至つた。會の目的は敎育の普及を先にして、民族の自覺を促し、舊來の因襲たる社會的階級制を改め、また土民の經濟的發展に盡力せんとするもので、宗敎的には中立を持した。

しかも時日の經過とともに、その發展は豫期の如く著しきものがなかつた。それはワヒヂンの基礎的要素となした土民官吏が、むしろオランダ政廳に對して卑屈、妥協的で、むしろ自らの會の發展を裏切るごとき態度を示した。

また他方、サリカット・イスラムの出現により、非官吏の多くはこれに走り、官吏の無氣力なるものが止まり、會はその内部に急進派と穩健派との對立が生じた。しかも穩健派の勝利となり、その民族第一主義は否定された。

かくて政綱は改められ――「民族精神に立脚する議會政治を目標とし、この目的を達成せんために、選擧法の制定と全民族を平等とする立法の統一的法制を要求す」と。

サリカツト・イスラム（Sarikat-Islam）略字S・I

聯盟發展の最大の力を示したものは、スラバヤの一商事會社の傭人で、初めスラバヤの支部長であつた、ウマル・ラデン・チョクロ・アミノトであつた。――彼は第一次スラバヤ大會も、第二次バンドン大會にても、彼が司會し、かくて忽ち中央聯盟の會長に選擧され、國民參議會第一次の任命議員として議席を占めた。この團體には、非官吏派の有力なるものがあり、あらゆる階級の土民も、これに屬した。一九一六年、中央聯盟の設立とともに、政府は、やむなく法人の許可を與へた。

一九一四年來の歐洲大戰にては、この團體に對し、政府は、妥協的に出で、アミノトも、むしろ政廳に協力した。

しかもロシア革命、及び大戰後の社會的變化により、思想的社會的變化を受け、民族運動にも、急進派と漸進派との對立を必然化した。

漸進派の主張は、目標を東インドの自主に置き、社會的法律的經濟的土民の平等を要求し、これに關聯する諸制度の改廢を力說した。

これに對し急進派は、土民の物質的向上を計らんとして、この正當の權利のために搾取者である資本主義の橫暴に反抗せんとし、その手段として資本主義の保護者である政府當局に積極的に働きかけ、その政策を批判した。

サリカット・イスラムは、今や全東インドに支部を有し、會員三百萬に達し、諸政黨の中心勢力となつた。

一九二〇年——黨内における共產主義者の除名決議となり、スマウン一派の共產派は脫黨した。

彼は新しく勞働運動を開始し、かくて純勞働運動者スルヨブラノト等によつて組織されてゐた鐵道從業員同盟（P・K・S）、官營質屋土民官吏同盟（P・P・B）運轉手組合（P・C）、工場同盟（P・K・B）その他の聯盟を計畫し、共產主義的指導の下に、職工聯盟合同（S・K・B・I）を設立した。

一九二三年に勃發した鐵道從業員總同盟ストライキは、このスマウンの指揮の下に決行されたものであつた。

一九一八年、大いに社會的動搖をもたらしたがツルト事件の中心人物は、このサリカツト・イスラム黨の有力なる會員であつた。

歐洲大戰の影響により、土民の食糧問題にて米穀管理を行ふに際し、會員ハジ・ハサンが官憲の命に從はず、反政府的態度を示し、かくて一村民はすべて彼に加擔し、政廳はハジを捕へんとして村民との間に衝突が生じ、遂に流血の慘を現出した。――これがガツルト事件である。なほ急進派と漸進派との內的對立あり、前者をB派、後者をA派と稱する。

政治經濟聯盟（Politicke Economische Bond）略字P・E・B

これは一九一九年に成立した政黨であり、歐洲人の政黨であるが、その中に、土民、支那人も會員として加入してゐる。

ウエストラ博士が首領であり、保守派、右黨派の有力なる政黨であり、オランダ政廳の政黨である。

この政綱は――「合議的方法によつて、蘭印における全住民の經濟的並に社會的發達を促進し、各人種の相互的信愛と協力とによつて、民主的自治政治への到達を圖ること」

この政黨は、第一次國民參議會において、左黨の勢力が極めて大となりしため、オランダ政廳は、これを抑壓するために急遽、結成されたものである。かくて第二期の選擧から、政廳の援助あるために一躍多くの議席を獲得した。今日において多數黨の位置にある。

この會員の土民は、殆んどオランダ政府により買收され、或は植民地的政策に籠絡懷柔された親蘭主義者のみである。かくて民族主義的政黨と激烈なる對立抗爭を續け、ジャワ民族の統一を阻碍してゐるのである。

蘭領東インド自由聯盟（Ned-Indische Vrijzinnige Bond）略稱 N・I・V・B

これは一九一六年に創立せられし、右派的政黨である。その政綱としては――「革命的手段によらずして、東インドの自治達成を期し、人種又は種族的の差別を撤廢し、國民教育の普及、議會權限の擴張及び國民の經濟的發展を圖ること」であり、またその政策としては――社會政策、財政及び稅制の整理、立法事項の改廢及び國防問題等を掲げてゐる。

――これは明かにオランダ政府の御用政黨である。

東インド國民黨（Portij Nationaal Indonesia）略稱 P・N・I

これは最も新しく組織されたものであり、かのジャワのジャワ共産黨暴動事件が鎭壓せられし、一九二六年十一月の後、ジャワの社會狀態未だ險惡なる時、一九二七年七月四日結成されし政黨である。國民主義、民族主義を目標として、民族自決を要求し、過激派でも、漸進派でもない。

一九二九年五月二十一日――二日に、バタビアにて開催されし同會の大會にて、首領スカルノは、政府と人民とに對し宣言して、

「我々の民族運動は、困難に遭遇すればするほどに、熾烈となり、益〻信念を強固にする決意を有してゐる、集會禁止法のごときは、一時的堤防の作用こそすれ、滔々として漲る思想の氾濫を堰き止めんとすることは絕對に不可能である。

政府は土民の運動が、潛行的に進んだ時には、共產主義といふ政府に都合よき僞名の下に、我々の自由を拘束し處罰するのであるが、我々は決して共產主義に關係あるものでないことを斷言する。

オランダ新聞は、我々を攻擊せんとして、國民黨はモスコウの機關であり、スカルノはモスコウの官吏だといひ、また知識階級養成が反抗の餌を與へるのではなく、他人種の操縱によつて反抗を煽動するのであると、或は痛罵し、或は恐怖してゐるが、彼等は自己を知らないと同時に他人をも知らないのである。

我々の民族運動は、我々各自の中心から發するもので、一二の幹部から發するものではない。況んや他人の操縦などによつて斷じて動くものではない。我々の民族運動は實に空腹の腹鳴りである。我々は大東インド、獨立インドの建設のために、滿腔の熱誠と不滅の努力とをもつて、成功の頂上に我々の黨旗を打樹てねばならない。」と。

同黨の黨旗は、赤白牛頭といひ、上部と下部との「赤と白」とは努力の表徵であり、中部の「牛頭」は自力に對する強固なる信念の象徵である。

この政黨は、民族の自由獨立を政綱とし、現在の統治法による行政に參與することを、決して欲せざる所であるとする。歐米勢力より東インド民族を解放することが眞の目的であり、かくてイスラム黨と同盟を結んでゐる。

さきに十九世紀の強制耕作法の不法なる搾取を暴露した小說「マックス・ハフエラール」の作者なるドウウエス・デツケルのその孫にあたるデツケルが、「インシユリンデ」といふ思想團體を組織し、東インドにおける各種の土民種族は、超種族的に大同團結して、人權と人格との確認を政府に要求する運動を開始した。かくて一九一三年、參政權獲得の土民運動が起されたのは、デツケルの畫策したものであつた。

デッケルは官憲の手に捕へられ國外追放に處せられ、オランダ本國に渡つた。この本國行は問題となり何故に東インド政府は領土内に用ひられざる者を本國に入國せしめたるかを批難せられ、彼はオランダからスウィスに入り、同地の大學にて數年學び、後アメリカに渡り、サンフランシスコにあつて、同地在住の英領インド獨立運動者と秘密結社を作り、ひそかにオント及南洋の虐げられし民族の獨立計畫を企てた。——一九一七年、アメリカが歐洲大戰に參加後、その計畫は米國官憲の探知するところとなり、一味の者は悉く捕へられ、デッケルは自己擁護のために同志の内情計畫をすべて告白し、同志の誓を裏切つた。

かくて彼は今後、東インドにて獨立運動を爲さざるを誓ひ入國を許可され、プレアンガーのバンドン市に住んだ。今や彼は明かに背信の徒であり、獨立運動の致命的打撃を與へ、祖父を辱かしめるものであつた。

歸國後、彼は東インド政府への誓を無視し、再び獨立運動をなす爲め、全ジャワを遊說したが、何人も彼を信じなかつた。

一九一九年、東インド國民黨（N・I・P）として出現したのは、このインシュリンデの改稱せるものであつた。このN・I・Pは、前記の東インド國民黨とは別箇のものであつた。政綱は國民主義で、東インドにおけるすべての人種、種族をば、平等とし、完全なる獨立を目的とするものであつた。しかもこの政黨は政府の彈壓劇しく、遂に一九二三年解黨するに至つた。

かのデッケルは今や孤立無援となり、獨立運動を斷念してバンドン中學の教師として、生活したが、しかも周圍の壓迫は大となり、再びそれも辭し、孤影悄然として、何事を爲すことを得ず、バンドンに哀愁な苦惱に滿ちた生活を送るのであつた。

第四章　社會主義運動

東インド共産黨（Partij Kommunist Indonesia）略稱（P・K・I）

一九一〇年頃、オランダからスマランの一商事會社に書記として、オランダ人スネーフリットが渡來した。彼はオランダの時代より左翼であり、かくて植民地に來るや、この資本主義的搾取と矛盾とに對し、積極的に社會主義的宣傳を決行するに至つた。

やがて彼の思想運動は土民の間にも波及し、その革命主義は、土民の民族意識を尖鋭化した。彼の不斷の努力は、土民の有力なる同志を獲得した。――後年、共產黨の首領として、オランダ政府に一大脅威を與へたスマウンは、スネーフリツトの養成した同志であつた。また共產黨の有力なる指導者となつたヂブトや、スワルヂ等も彼の下にて生長したのであつた。

今や強力なる同志を獲得するや、スネーフリツトは堂々と論陣を張り、「東インド社會民主協會」なるものを設立し、かのデツケルのインシユリンデ等とも共同戰線を結び、さらにロシアのソ聯革命の發展とともに益〻その勢力を強化し、軍隊の中にも宣傳して共產化を計畫した。

この共產思想は、またユダヤ人との結合となり、オランダ人も多くこれに參加した。

しかもスネーフリツトは、ソヴエート革命を讚美した「凱旋」といふ論文を書き、それがオランダ政廳の忌諱に觸れ、一九一八年、國外に追放せられ、これと共にその同志も多數に追放せられ、遂に東インド社會民主協會は瓦解した。

しかもスネーフリツトの後繼者なるスマウンは、さらに東インド共產黨を結成し、一九二三年に、スラバヤにて左翼團體の大會を開いた。この時に、次のことを可決した。

1　政府又は國民の一部（資本家のこと）に對して反抗的言論をなすものゝ取締法の撤廢

2　政府は士民失業者の救濟をなすべし

3　敎育費の削減に反對す

4　政府は大資本に對し現在以上の公税を課すべし

スマウンの活動は益〻激烈となり、コミンテルンの指導の下にジャワを赤化せんとした。幾多のストライキは彼の指令によつて實行された。

一九二五年十一月――タナ・テンギにて共産主義者の會合が催され、全東インドの赤化思想團體の代表者十七名が參集し、タン・マラッカ司會の下に秘密に議事が進められた。――こゝに先づアチエ及びスマトラ西海岸に叛亂を起し、その騷擾によりジャワから多數の軍隊を同地方に送られし後を狙つて、ジャワに一大暴動を勃發せしめんとの秘密計畫を立てた。次に共産主義者とサリカット・イスラム等のジャワ民族運動派との協調が出來たことの報告もあつた。

しかもこの秘密計畫は變更せられ、翌年六月、共産主義者の集會席上の決議により、ヘロプラノトをジャワ全島に旅行せしめて、その變更のことを傳へしめると共に、一方にはスゴノ及びブディスチトロの兩名を廣東に派遣して、當時、廣東に留まつてゐたロシア共産主義者ボローヂンを通じて、ソ聯ロシアとの聯絡を取らしめることゝした。

これ以後、シンガポール東インド共産黨支部とジャワとの間の聯絡も盛んに行はれた。

一九二六年七月頃――シンガポールには、ジャワ共産黨の首領スマウンを初めとして、タン・マラツカ、ムソー、アリミン、ワルドノ等の指揮者が集つて、ジャワにおける募集金により武器購入の準備を着々と進めた。

時に、ジャワにおいてはチエリボン、テガール等において、共産黨員が大いに活動し、種々の策動を試みたが、すべて成功しなかつた。

一九二六年十一月六日夜――暴動勃發の六日前――チエリボンにての集會にて――「十一月十二日夜より十三日未明までの間に大暴動を起す」ことが發表された。

ジャワにおける共産黨の各支部長は殆んど學校教師であり、暴動決行の時は、支部長はそれぞれに部隊を率ゐて地方長官を殺害し、政府建造物を占領すること、そして翌十三日には、各地一齊に、鐵道從業員のストライキを行ふことを決定した。もとより鐵道從業員側との間に、豫め十三日にゼネ・スト斷行の諒解が成立してゐた。たゞソロ、ジョクジャ、マデウンの土王領のみは、この度の決行から除外することゝし、他は一齊に蜂起することゝした。

この總指揮者に東部ジャワの首領としてモハメッド・アリ、西部ジャワはヘロプラノト、中部ジャワはムンタリブ及びサリムンと部署が定められた。

今やジャワの內地は、東、西、中の三部の地方別に區分され各部は更に數支部に分れ、支部の下に、分會、區會、カンポン委員會に細別され、整然たる系統を有した。――カンポン委員の下には、ブングルーなる傳令使が置かれ、敏速なる報道がなされた。西部地方は五部に分れ、中部東部も、これに準じた。

彼等が共產黨に加入を勸誘する時には、共產黨の目的は租稅免除、人權平等であるとなし、秘密が嚴守され、幹部の指令に絕對的に服從せしめた。

黨員の通信には、すべてコードが使用され、そのコードは東インド全般に通用することゝした。各州長官の名前は、動物の名、各地名は數字としての暗號が作られた。このコードによる秘密通信が、十一月九日より十二日までの間に、チエリボンから各地に配布された。配布の役目は、共產主義者たる各鐵道の車掌が、それを果し、手紙受取人は必ず同地方の支部長に報ずることゝなつた。なほ各支部にはこの地方特殊のコードが用ひられた。

幹部より支部長への命令は、赤色の小紙片で、月日時間が正確に記され、多くは女性の手によつて送られた。

當局は彼等の目的、組織等において、大體のことは探知したが、陰謀のことは知らなかつた。しかもチエリボンから送られたムンタリブ宛名の赤色小紙片が、偶然、一車掌の手から押收され、當局は始めてこれを知り、愕然として驚き、――この小紙片には――「十二日に暴動が起る」と書いてあつた。

かくて十一月十一日――まさに決行の前日――中部ジャワなるスマランの總指揮者ムンタリブの家から、彼の不在中、官憲の家宅捜索によつて、暗號帳、その他の事件關係書類が全部押收された。――たまたまムンタリブは、スマラン州内の警戒嚴重のため目的を達することが困難なので、再び北海岸傳ひに歸宅し、愈〻暴動準備に着手せんとする時に取押へられた。

一九二六年十一月十二日夜半、五十名の武裝せる土民の一團は、バタビア市の刑務所を襲撃し、さらに電話局を占領した。

軍隊と警官隊は直ちに出動し、これと抗戰し、一時はバタビア州プレアンゲル州にも波及したが、遂に武力によりて彈壓された。

蘭印政廳は苛酷なる抑壓政策を斷行し、關係者一萬三千人を逮捕し、その中約四千五百人を處刑し、なほ一千三百人をニューギネアの奥地ジユクール河上流に流刑した。

その流刑地はボーフエン・ヂグルと呼ばれ、またタナメラとも云はれ、四人等は部落を形成した。

この共産革命の暴動に加盟して逮捕され、豫審から公判に廻された者に對する訊問事項は十二ヶ條であり、拷問をなし、慘虐を極めた。

1　姓名、2出生地、3年齡、4學歷

5　東インド共產黨は第三インターイショナルと關係ありや。又共產黨の主目的は現存政府を顚覆して新主權の樹立を計るものなりや。しかしてそれを斷行するに非常手段を用ふるや否や。

6　インタナショナルの定めたる秘密團體設立規定に準據して、東インド共產黨、DO團（獨裁組織團）OP（革命團）及びその他の秘密團體が設立せられしものなりや。

7　上記各秘密團に加盟若くは今後同團に至らしめんとするや否や。

8　秘密團の目的中に、住民中の不良分子を糾合し、盜賊、怠業、官吏鏖殺、良民脅嚇等の計畫ありや否や。

9　東インド共產黨若くは第六條に示す秘密團に加入してゐるや。若し加入してゐれば如何なる役割か。

10　公安秩序を犯すが如き運動に參加したることありや。

11　自己辯護となるべき證言ありや。

12　書狀をもつて自己辯護する意ありや、若しあらば訊問の日より起算して一週間以内に提出すべし。

――かくて彼等は殆んどニューギネアのジュクール高地に流刑に處せられた。

三百八十三人は林務局技手、電話局員、鐵道從業員、學校敎師等であり、七十七人は村長、三十六人は元官吏であり、その年齢は殆んど二十歳以上、三十五歳前後の有爲なる靑年であつた。

この時共產主義暴動の總指揮者タン・マラカは、暴動が失敗するや、巧みに變裝してシンガポールに逃亡した。その地の官憲にて捕へられたが、やがて脱出し、一時、海峽植民地に隱れたが、一九二七年八月、フエツクス・フエンテスと僞名して、マニラに上陸し、遂にマニラの官憲によつて投獄された。

マニラの勞働團體はこの放免を力說し、下院議長ケソンもこれに贊成し、八月十五日六千ペソの保釋金にて彼は釋放された。

八月二十二日――フイリピン政廳は彼に退去命令を下し、こゝに彼は厦門に出發した。

第五章　民族運動の發展

一九二六年、土民の諸團體に關し、土民事務局長ケルンは語つた。――

「青年團體の分裂――一九二五年の初頭における顯著なる事實の一は、青年團體の分裂である。それは一九二四年末における『青年ジャワ』の會議にその端を發してゐる。同會議は『青年ジャワ』は宗教の問題に關する立場の説明を避けたが、二五年一月忽ち『青年回敎協會』なるものが設立された。そして同協會の會員は敎養あるもの又は敎養を受けんとするものを以てするといひ、またイスラム敎をもつての結合は、即ち東インドにおける住民の總結合である」と宣言してゐる。

協會の主旨は、宗敎的結合を更に社會的に擴大し、知能の啓發と德育涵養普及を計らんとするものである。その目的達成の一手段として昨年三月、蘭語月刊雜誌「光」（Al-Noer）を發行してゐる。

また青年團の思想の上にも分裂を生じてゐる。例へば『青年ジャワ』の會員は、主としてブヂ・ウトモ派とも反對し、青年回敎徒協會は、主として回敎徒聯盟派のものである。

ブヂ・ウトモもサリカット・イスラムも共に、政治的問題には餘り鬪せざるやうになつた。創設當初から主張してゐる土民の文化事業の提議も、會長によつて撤回された。元來ブヂ・ウトモの會員の多くは、微妙なる地位と失望の狀態にある。

回敎徒聯盟――その政綱は昨年極めて明かになつた。それは文化政策主義の高調で、彼等は資本主義と帝國主義との二思想が、世の一切の文明を破壞するものであると考へる。――昨年八月、聯盟會議で、敎育部設立の件を議決した。かくて彼等の方針と計畫とは着々實行期に入らんとしてゐる。彼等の敎育方針はモスレム（イスラム）を基礎とせる民族敎育を主張する。

共産主義者――この團體は、他のそれよりも多數であり、且つ有利なる立場にある。彼等の機關新聞は日毎に筆を揃へて、過激なる主張をなし、土民を誘惑せんとする。ことにプリヤンガル諸縣にある彼等の新聞雜誌は、國民運動と稱して激烈なる示威運動と煽動とに熱狂し、巧なる宣傳に不斷の努力をなし、一小村落の下層民より諸工場に對し、彼等の毒手は極めて盛んに活動してゐる。と。

しかもジャワ人は國民的民族的統一力なく、たゞ多數の小黨が分立、對抗し、このために彼等自らの獨立性を内的に否定するのである。

彼等は收入の二割に達する驚くべき高税による苛斂誅求を強制され、彼等の經濟力は全く破壞されてゐることが、彼等の民族的自主性の地盤の存在しない所以である。

第六章　民族運動の彈壓

サリカツト・イスラムの崩壞

一九二五年――「ジヤワ人のジヤワ」を標語とした、サリカツト・イスラムは、幹部の長老派即ちA派と青年派なるB派に分裂しその對立抗爭は益〻激化した。

長老派の首領チヨクロ・アミノトと青年派の首領スキマン博士との思想的對立は深刻化し、一九三二年、長老派はスキマンの退會を迫り、遂にサリカツト・イスラムは崩壞した。

スキマンはサリカツト・イスラムを脱會し、ジョクジャの會員とともに、「東インドイスラム黨」(Portij Islam Indonesia) を組織した。

なほ長老派のアミノトは、これに對抗するために、新しく「東インドイスラム聯盟」(Portij Sarikat Islam Indonesia) を組織し、首領はスピクスオとなつた。しかも「東インドイスラム聯盟」は分裂し、一九三三年、一部は脱出して、「東インド聯合黨」を作り、なほ一九三五年、これは分派して、アグス・サリムの下に、「東インドイスラム覺醒聯盟」(Penjedar Partij Sarikat Islam Indonesia) を新編成した。

また非合法的急進派の「東インド・ムスリム同盟」(Persatoean Moeslim Indonesia) がスマトラにて結成されたが、一九三七年に解散を命ぜられた。

一九二七年一月——サリカツト・イスラムはジョクヤカルタにおいて、ブディ・ウトモ黨、東インド國家主義者同盟、ヨングジヤワ等の代表者と大會を開き、會長チヨクロ・アミノトは——サリカツト・イスラムは信仰生活に全力を盡すこと、我等の目的は政策に超越するやう努力することを力説した。

これに對し、ハヂ・サリムは、——サリカツト・イスラム政治運動に加はるべきを說き、歩むことを教ふる前に、歩むやうに努力すべきである如く、土民の自由も、かくして獲得し得、イスラム教の信條は政策なくしては不可能である。教祖マホメットがすでにメッカとメヂナと約束を結んだ時、政策を用ゐてゐる。サリカット・イスラムは相互の力の象徴である。と熱辯を振つた。

次にスルヨプラノトは――政府の課税の過重なること、キリスト教との抗爭を主張した。

東インド國民同盟（Proe-salikatan national Indonesia）

東インドの共產革命運動は失敗したが、過激ならざる手段によつて目的を達成せんとする政黨として、形成されたものであつた。領袖としては、サムシ、イスラク、ブデイアル等があり、一九二七年九月、バンドンにて宣傳大會が開かれ、同席上、イスラクは――「我黨の綱領は自己本來の力に依據するものであり、現統治法に參與するを欲せず。」と力說した。

同年十二月四日――ジャカトラ支部にて、ブデイアルは「土民の教育も土人の理想を向上せしめるものではない、たゞ官廳の便利のためである」と主張した。

バンドン支部長スカルノは――「我等の目的は自主獨立である。各植民地の征服は、我等の教育が變態である如く變態である。――超宗教的に各土民團體は個々の利害關係を棄てゝ結束して進むべきで、いかにしてアジア民族が歐米の拘束から脫するを得るかを考ふべきである」と。

この日、出席したサリカツト・イスラムの首長チョクロ・アミノトは、同盟と協力することを力說した。

インドネシア民族運動は、一九二六年末の大暴動により甚しき打擊を受け、容易に再起し得ざる狀態にあつた。

一九三五年以來、漸く勢力を恢復し、非合法的運動を廢して、一九三五年十二月——僅かに餘命を保ち來つた諸團體を合同統一し、大東インド黨（パリンドラ黨）を結成するに至つた。

この首指揮者はストモ博士であり、彼はバタビアの醫科大學を卒業して、オランダのハーグのライデン大學に學んだ。

支那事變及び第二次大戰は大なる影響をインドネシア民族運動にも與へ、一九三九年十二月二十五日——バタビア市に、インドネシア民衆大會が開催された。

大東インド黨その他の政黨は、すべて會議に參加し、約三千五百人が集合し、討議の結果次の事項を決議した。

1　インドネシア國民會議を恒久的に存續すること。

2　インドネシア民族旗を制定すること。

3　民族歌、大インドネシアを作ること。
4　中央議會及び、地方議會において、インドネシア語を普及せしめること。
5　參加の各黨派は國會開設運動を支援すること。

——かくて彼等は、なほ民主主義的近代國家を組織せんとする運動をなすに外ならない。從來盛んに高唱された「獨立」（Indonesia Merdika）といふ言葉は用ひられず、「インドネシア議會」（Indonesia Berparlement）となされ、妥協的となつた。

第七章　民族教育問題

オランダ政廳はジャワ人より一切の知性を剝奪せんとして、何ら敎育を施すことを爲さず、むしろ積極的に、從來の敎養文化を破壞することに全力を注いだ。

かくて悲慘にもジャワ人は自らの大いなる文化の傳統を絕ち、自らの光榮ある歷史を忘れ、全く無知無氣力なる狀態に沒落した。

六千萬のインドネシア人の中、文字を解する者は僅かに三分、約百八十萬に過ぎない。

ジャワにオランダ政廳によつて土民教育機關が始めて設立されたのは、一八四八年にて、豫算二萬五千盾であつた。しかもこれこそ土民を自らに有利なる植民地教育を實施することにより、益〻ジャワ本來の文化を拒否せしむる宣傳工作であつた。

この土民教育は主として土民官吏養成を目的として、一八五一年、スラカルタ（ソロ）にて始めて開校され、次に一八六六年、バンドンに第二の養成所が設立された。

政廳は單に土民官吏を必要とし、一般土民の教育には何ら意を用ゐなかつた。

しかし一八七〇年――土地法が制定され、こゝに政府は土民教育の方針を立て、教育機關を設置せんとしたが、その、後財政緊縮により、教育機關も縮少された。

一八九三年――再び土民教育を振興せんとし、地方にスコーラ・デサ（村落學校）を設け、商工業の盛んな都市には、二級小學校を置いた。しかもこれは主として官吏養成が目的であり、一般土民に對するものではなかつた。

政府の教育方針は、最も有利なる植民地的土民を作るにあり、これにより搾取的統治、奴隷的使用を圓滑ならしめんとするにあつた。

さらに土民官吏は、むしろ土民の民族的意識、獨立的意慾に對する反對をなし、その運動に對する裏切り的スパイをなし、政府の忠實なる犬たらしめんとした。

かくて學校には、貴族、豪族、士族、富豪等の子弟を入學せしめ、彼等の社會的地位を高め、その個人的滿足により、民族的團結を否定、解消せしめんとした。まさに彼等は卑屈なるオランダの傀儡であり、自らの民族、同胞の獨立を否定せんとするものであつた。——彼等の知性は全く反ジャワ的であり、自らのジャワ精神を否定することのみが、教養であり、文化であり、高き生活であるとする。

第八章　土民法律問題

土民はオランダの公法上にては、實に無籍民なのである。

一八三六年制定の東インド統治令によれば、東インドの住民は、內國人たると外國人たるを問はず、東インド内に居住する者はオランダ國王及び東インド總督に對し忠順の宣誓をしなければならない。こゝに外國人に對しても忠誠を強制したのであつた。

一八五四年の法律改正にてこの規定は廢止され、住民と外國人との差が認められた。しかしこの改正法にても、住民の意義は、國籍の異同は問ふところではなかつた。領土内に出生しても、土民の如きは、法律上住民ではあるが、臣民ではなかつた。しかも住民でなき臣民が民兵の義務のみは負はされる不合理なものであつた。

なほオランダの利害に關する限り、臣民、住民、外國人の差別は明かにせられた。――オランダ政府の官吏たらんとするものは、オランダ人のみに限ることが、法律上規定せられた。

このオランダ人なるものゝ規定は、一八五〇年の改正憲法には

1 オランダに於て出生したるオランダ人若くはその子孫にして蘭領東インドに居住するもの。

2 東洋外國人にして蘭領東インドにおいて出生したるもの。但しこれは市民權の上でオランダ人と認められてゐるのみであつて、憲法上廣義のオランダ人ではない。

――土民や支那人は、この第二の待遇を受け、準オランダ人となる。

さらにオランダ憲法第六條の特別規定によれば、

――オランダ人とは、オランダ人若くはオランダ人の子孫にして蘭領東インドに居住するもの、又は、オランダ人以外の歐洲人にして蘭領東インドに居住するもの丶子孫は、オランダ民法の規定によりオランダ人たることを得。

――こ丶にアジア人に對しては、全く疎外したのであつた。土民は、オランダ人でもなく、外國人でもなく、單に住民とされるのみで、何らの權利もなく、何らの主張をも爲すことの出來ぬ悲慘なる狀態に拘束された。

一八七〇年の土地法には、土民の法人格は認められたのであるが、國籍上では何ら人格權は認められないのであつた。かくて一度び土民が外國に出でる限り、全く無籍者となるのであつた。

漸く一八九二年に締結された諸外國との通商航海條約によれば、オランダ人たるもの丶意義を認め、オランダ臣民なる文字が用ひられ、土民も外國に旅行する場合に、オランダ臣民としての旅劵が下付されることとなつた。

一九一〇年二月十日――突然に「臣民法」なるものが發布され、これにより東インド生れの支那人を、法律の力をもつて、オランダの國權に服從せしむるに至つた。これは日露戰爭及び支那國民革命により、支那人の民族意識が強化され、華僑の反オランダ的獨立的勢力を抑壓せんとする政策によるものであつた。

しかもこれにより支那人のみならず、土民もまた國籍が確立せられることとなり、その民族獨立を壓迫するためであつた。なほこの場合「オランダ臣民」（Nederlandsche-Onderdaan）なる字句の中には、國籍の意義は含まれてゐないのである。かくて憲法上の主體として國家を構成する一分子なる國民としての權利は認められず、却つて單に被治者であることが確定されたに過ぎなかつた。まさにオランダ政府の憎むべき惡辣なる僞瞞政策であつた。

對土民の民法は一八四〇年改正の、對歐洲人民法中の出生、死亡、婚姻、離婚の四條項のみが、土民中のキリスト教徒にのみ適用されたのが、その始めである。その後、數回改正され、一九二八年、對土民民法は獨立的のものとなつたが、しかもその適用を受けるものは、一部階級者にのみ限られ、土民全部に對するものではない。

現行法で民法の適用を受ける有資格者は、

1 「ラヂン」(貴族の後裔であることの稱)以上の稱呼を有するもの
2 月給百盾以上の官公吏、及び同上恩給受領者
3 陸軍士官及び同上恩給受領者
4 土民キリスト信者
5 歐洲人對等者もしくはその待遇を受くるもの
6 上記各項に該當せるものゝ男子の子孫

第十篇　蘭領インドの經濟戰

第一章　金融制覇

ジャワ銀行

オランダが嘗て世界の銀行と稱せられしは全くこの南洋經濟を確保したことにあつた。ジャワ銀行は東インドの中央銀行であり、一八二八年、バタビアに設立せられた百年餘の歴史を有する銀行である。

資本金は最初六百萬盾であつたが、一九二四年には九百萬盾に増額された。同行の條例によれば、積立金は資本金を超ゆることを得ない規定である。しかも一九二三年には積立金が六百十萬盾に達せんとしたので、ジャワ銀行法を改正し、資本金を九百萬盾に増加し、積立金を千三百萬盾まで増加することを得ると改めた。

ジャワ銀行こそ、蘭印に對する搾取機關の中心的勢力を有するものである。

蘭印における農業金融機關としてのカルチユアー・バンクは最も大なる活動を示してゐる。

一八七〇年、土地法の制度によつて、土地占有地の制が成り、その賃借法が設けられ、國有地の永借も可能となり、民間の農業企業が勃興するに至つた。こゝにその新しき事業に應ずるために、農業金融銀行が設立され、特殊なる發展を示した。

金融に對して、銀行は安全なる擔保を取り、なほ農園の經營を監督する一法として、その生産品の委託販賣を銀行が爲すのである。

このカルチユアー・バンクが最も多く出資してゐるのは製糖會社である。ジャワの製糖工場は百八十餘あるが、その約七割は、すべてカルチユアー・バンクの支配下にある。

カルチユアー・バンクの最大のものは、ファクトライと呼ばれるオランダ商事會社であり、これは一八二四年に設立された、民間銀行である。この會社は主として英國人に對抗するために設立されたもので、時の國王ウイレム一世の盡力した國策會社であつた。

國王ウイレム一世は自ら四百萬盾を出資し、以後二十ヶ年間、最低四分五厘の配當が保證された。資本金は三千七百萬盾にて、當時は空前の大資本であつたが忽ちそれは短期間に應募されたのであつた。しかも豫期に反し會社の成績は不良にて、國王は數百萬盾の損失を補つた。

この損失を補ふために、政府は強制耕作法を實施し、政府は同社と特約を結んで、生産物の一手販賣をなさしめこゝに同社の利益は莫大なるものとなり、今日の大をなすに至つた。

この外に、蘭印割引銀行は一八五七年に創立、ロッテルダム信用商事組合が一八六三年、蘭印商業銀行の一八六三年、アムステルダム商事組合が一八七九年、拓植銀行が一八八一年、王領地農事會社が、一八八八年に各〻設立され、土民よりの搾取は益〻積極化した。

國營質屋

從來、搾取されしジャワ土民は生活困窮のため、やむなくオランダ人、ユダヤ人、支那人、アラビア人等より巨大なる借金を爲し來つたが、こゝにオランダ政府は自ら一九〇一年四月、ジャワの一部に官營の質屋を開始した。これの大なる利益あるを知るや、一九〇三年、これをジャワ全島に設置するに至つた。かくて政府は個人の質屋を禁止し、この高利貸の巨利を悉く獨占せんとするに至つた。

官營質業に關する現行の規則は、一九二八年四月に改正實施され、土民よりの搾取は益〻全面的に合理化され、擴大された。

	貸出額
一九三四年	八、五〇〇千盾
一九三七年	九、九〇〇
一九三八年	一〇、〇〇〇

なほ質草殘高は

一九三七年	二九、五六〇、〇〇〇盾
一九三八年	三一、九九〇、〇〇〇

	總收入	純利益
一九三七年	九、八五〇、五五一	二、九九三、五二〇
一九三八年	一一、六三四、五五四	五、二三〇、九七四

投下資本に對するその純利益率は、七・三％、一一・八％に達した。

第二章　國際投資戰

一九二三年國籍別投資額

	一九二三年	一九一八年
オランダ	一、九〇〇百萬盾	一、二一九百萬盾
イギリス	三〇〇	二四六
支那	二五〇	二〇六
ベルギー	四〇	三五
アメリカ	三五	二七、五
フランス	三〇	二八
日本	三〇	二九

ドイツ	二五	八
スウイス	一五	
イタリア		
アルメニア	二五	
アラビア		
合計	二、六五〇百萬盾	

事業別投資額

農業	一、二七〇百萬盾
鑛業	二〇〇
銀行、商業、運輸業	一、一八〇
合計	二、六五〇

一九三一年末、農業、鑛業における投資額は總額二十六億六千七百九十一萬三千盾

	農業	鑛業
オランダ	一、五三五、八三〇千盾	三〇九、四八二
イギリス	二七八、〇五三	一二四、二〇〇

ベルギー・フランス	一一一、八二八	—
アメリカ	五三、〇三五	一一〇、〇〇〇
日本	一九、六二八	一八〇
ドイツ	一七、九〇五	
蘭印政府	—	五八、四一八

ゴム事業に對する國際投資

一九二三年

オランダ	一億七千萬盾
イギリス	一億九千四百萬盾
ベルギー	二千八百萬盾
フランス	二千五十萬盾
アメリカ	二千七百五十萬盾
日本	千七百五十萬盾
支那	七百八十萬盾

　　ドイツ　　三百五十萬盾

ゴム事業に關しては外國資本が總資本の七割に當り、外國資本の四割はイギリスの資本である。

煙　草

煙草の投資は主としてスマトラ地方である。

　投資額總計約一億盾

この二割はオランダの資本、三割はイギリス、殘餘の五割は各國に分けられた。

第三章　貿易戰爭

蘭印の貿易は年々輸出超過でありしかもこの超過額は常に増加するのを示しゐる。

一八八〇年には、輸入一億四千五百萬盾、輸出一億三千八百盾にて、七百萬盾の入超であるが、この後、五年、一八八五年には、四千九百萬盾の出超となつた、一九〇〇年には五千四百萬盾の出超であつた。一九一三年の貿易總額は十億五千萬盾にて、出超一億七千七百萬盾、一九一七年、大戰の最中には、出超三億一千百萬盾、一九一九年には十五億三百萬盾、一九二〇年には、十一億八百萬盾の巨額にてこれは砂糖暴騰のためであつた。

一九三九年、蘭印の輸出總額七億四千五百八十一萬八千盾

蘭印輸出額

			輸出總額に對する比率
1、	米國	一四六、八一七千盾	一九・六%
2、	シンガポール	一二四、七一二	一六・七%
3、	オランダ	一〇九、四七〇	一四・六%
4、	オーストラリア	三四、三一二	四・六%
5、	イギリス	三四、一八一	四・六%
6、	日本	二五、〇〇九	三・三%

7、イタリア	一六、五九八	二・二%
8、ドイツ	一四、一五七	一・九%
9、フランス	一〇、九七一	一・四%
10、支那	九、八一八	一・三%

一九三九年輸入總額は、四億六千九百七十一萬七千盾

		輸入總額に對する比率
1、オランダ	九六、八二七千盾	二〇・六%
2、日本	八五、〇四六	一八・一%
3、米國	六三 七四二	一三・五%
4、ドイツ	四一、一九〇	八・七%
5、シンガポール	三三、四八〇	七・一%
6、イギリス	三三、三〇八	七・一%
7、オーストラリア	一五、三四六	三・二%
8、ベルギー	一二、六二六	二・六%
9、支那	一〇、一三四	二・一%

10、フランス	九、二五一	一・七%
11、イタリア	六、一九八	一・三%

一九三七年、蘭印の輸出額が、世界の輸出額の中にありて占むる比率は

キナ	九〇%	胡椒	七九%	カポック	七%
ゴム	三八%	コプラ	三〇%	剛靱纖維	二三〇%
油椰子類	二〇%	茶	一七%		
コーヒー	六%	砂糖	五%		
錫	二、一%				

石油は一九三八年には世界石油産額の二・八%にて、世界第五位。

蘭印輸出に於ける比率の變化

	一九〇九—一三年	一九二五—二九年	一九三七年	一九三八年
オランダ	二六・三%	一六・四%	二〇・一%	一四・四%
アメリカ	三・三	一三・五	一八・七	一九・七
英領インド	一三・〇	一三・五	〇・七	三・四

シンガポール	一七・一	二二・四	一八・七	一六・〇
日本	四・三	四・七	四・五	三・四

蘭印輸入における比率の變化

	一九〇九年—一三年	一九二五—二九年	一九三七年	一九三八年
オランダ	二二・五%	一七・六	一九・一%	二一・四%
イギリス	一五・七	一二・四	八・三	七・四
アメリカ	一・八	九・七	一〇・二	一四・二
シンガポール	一七・九	一二・八	七・四	七・四
日本	一二・五	一〇・二	二五・四	一八・九

第四章　日本の蘭印貿易

日本の發展は、年を逐うて、日本を益〻蘭印に接近せしめ、この南進政策は、まさに世界史的必然なることを自覺せねばならない。

蘭印の産出する豐富なる物資は、悉くオランダ及び英米によつて獨占され、土民に對する搾取は極めて苛酷なるものである。――日本は今や、これ等の不合理なる情況に闘し、あくまでも大東亞皇化圏として、廣域經濟を確立し、東亞の自給自足を實現しなければならない。こゝに南洋における悲慘なる奴隷的土民は解放せられ、その植民地的の運命より自由なる生活者たらしめられるであらう。

日本の經濟的南進は、一九三〇年前後の世界的恐慌の時代より愈〻積極化せられた。世界恐慌は、數年にして蘭印の貿易總額を約六九％に減少せしめた。しかもこの時、日本商品は、勞銀の低額と、爲替相場の低落により、低廉なる日本物資が、汜濫のごとく蘭印にも進出した。かくて土民等はこの廉價なる日本商品を大いに歡迎し、忽ちにして輸入貿易は激增した。

一九〇九年より一九一三年の五ヶ年間における蘭印輸入貿易中、日本からの輸入は、僅かに一・二五%にすぎなかつた。しかし一九一四年より一九一八年の歐洲大戰中の五ヶ年間には、約一〇%增加した。

その後、一九一九年までは大なる變化はなかつたが、アメリカの恐慌勃發の一九二九年以後においては、日本の對蘭印輸出は驚くべき激增となり、オランダ本國の輸出をも壓倒するに至つた。

一九二八年より一九三四年に至る七年間における日蘭兩國の輸入額

輸入總額の比率

	一九二八年	一九二九年	一九三〇年	一九三一年	一九三二年	一九三三年	一九三四年
日本	九・五四%	一〇・五五	一一・六八	二一・二四	二一・二四	三一・〇三	三一・八八
オランダ	二〇・〇五%	一九・六二	一八・九二	一七・四四	一五・七六	一二・三七	一二・九八

その價格は、日本の輸出額は一九二八年にては、七千三百四十一萬四千百七十七圓から、一九三四年には、一億五千八百四十五萬五百二十五圓に激增した。しかもこの時、日本の圓價は大いに下落せ

るを思へば、いかに日本物資の巨大なる輸出がなされたかを知るのである。

今やオランダは日本の經濟進出に極度の警戒を抱き、一九三三年、蘭印政府は「緊急輸入條令」によりて、多額の商品に對し輸入制限を課した。かくてオランダは全力をあげて日本を抑壓せんとする。

一九三四年――米、ビール、各種綿織物、等の輸入に對し、制限手段をもつて、オランダ本國の保護に努めた。

一九三五年には、さらに制限範圍を擴大し、事實上、全織物製品に對し制限を適用した。

かくしてオランダ本國は、一九三三年より三四年の一ヶ年に四百五十一萬四千グルテンから五百八十一萬九千グルテンに增加した綿製品を蘭印に輸出したが、日本よりは四千七百十一萬グルテンから三千六百六十二萬グルテンに減少するに至つた。

このオランダの日本抑壓に抗するため一九三四年六月八日から、バタビアにて日蘭會商が開始された。しかし同年末、一般協定に達せずして會商は打ち切りとなつた。――オランダの背後には、ユダヤ、イギリス、アメリカの策動ありてあくまでも日本物資の輸入を抑止せんとするのであつた。

第五章　オランダの商權

蘭印のオランダ、ユダヤ的商權は、その五大商社によつてその一切の經濟界を支配してゐる。

この五大商社の設立は古く、資本金は巨大であり、その地盤は極めて強固であり、全く南洋經濟を獨占してゐる狀況にある。

長く自由主義的經濟政策によつて、彼等は尨大なる利潤を獲得し、さらに今やオランダの保護統制主義により、益〻利益を獨占して、その搾取を強化せるのである。

五大商社は、土民の生活必需品たる日本商品に對しても、絕對的なる割當による統制を爲す權利を有して、あくまでも經濟權を獨裁せんとする。

1、ボスミ　(Bosumy)

設　立　一八九四年　ヘーグに本店

資本金　　　　二千萬盾
2、インターナチオ（Internatio）
設　　立　　一八六三年　　ロッテルダムに本店
資本金　　　五千萬盾
3、リンデチープ（Lind. teves）
設　　立　　一八八九年　　アムステルダムに本店
資本金　　　一千五百五萬盾
4、ゲオ・ウエリー（Geo Wehry）
設　　立　　一八六七年　　バタビア本店
資本金　　　發表されず
5、ヤコブソン（Jacobson）
設　　立　　一八六〇年　　ロッテルダム本店
資本金　　　發表されず

第六章　物資獲得戰

産業政策

オランダは十九世紀前半までは、蘭印に對し極端なる官營政策を實施し、甚だ困窮せるオランダ本國政府の財政救濟を目的とした、このために強制耕作法を實行し、あくなき掠奪的搾取をなした。東インド會社は、重商主義、利益獲得主義より産業利益獲得主義となり、壓迫的干涉主義となつた。

しかも一八七〇年、強制耕作法が撤廢され、土地法が制定され、政府の産業方針も一變した、それまでの專賣的官營事業は、轉ぜられて、自由開放主義となつた。

外國の資本の流入に對しても、全く開放的で、むしろ積極的にこれを要求した。かくて蘭印は國際的投資場のごときものと化した。

蘭印は、その産業政策において、極端なる搾取工作をなし、その巨大なる生産物は殆んど全く他國に輸出され、住民によつて消費さるゝものは極めて少額である。

	國內消費	外國輸出　（一九三五年）
ゴム	――	一〇〇％
タバコ	四％	九六％
ガソリン	八％	九二％
茶	一〇％	九〇％
キナ	一二％	八八％
砂糖	二〇％	八〇％
燈油	三〇％	七〇％
コプラ	三〇％	七〇％
コーヒー	三〇％	七〇％

砂糖

ジャワの甘蔗は支那人又はヒンヅー人によつて移植された。ジャワの砂糖が、初めて歐洲に輸出せられたのは一六三七年、一萬ピクルのバンタム糖であつた。

かの強制栽培法により、土民は奴隷化され、このため糖業は大いに發達した。一八二九年の生産高は、七萬三千七百七十九ピクルであつたが、一八七〇年には二百五十七萬七百十七ピクルに激增し、三十二倍であつた。

しかもその頃、歐洲において甜菜糖の發達による世界糖價の大暴落があつた。また「セレ病」といふ、激烈なる甘蔗の病毒の蔓延により、ジャワの糖業は、悲慘極まる不況となり、まさに絶滅の底に沈んだ。

こゝに糖業者は結足して、糖業試驗場を設立し、糖害を除くことに全力を上げ、遂に科學の力によりそれに成功するに至り、今日の盛大を見るに至つた。

エステート農業中ジャワ及びマヅラにて最も發達を遂げたのは砂糖である。その耕作は集約的であり、三年輪作の方法を取つてゐる。

今日における砂糖の世界年產高は約二千五百萬トンより二千八百萬トンであるが、ジャワはその生產の約一割を占めてゐる。

一九二九年には、その生產額は約三百萬トンに達したが、その生產の過剩のため、一九三三年にはその生產を百四十萬トン、三四年には六十三萬トン、三五年には五十一萬トンにまで制限するに至つた。

かくして蘭印には大なる恐慌を生じ、一九三三年頃から、製糖工場は續々と閉鎖され、糖業關係の失業者は氾濫した。

ジャワ糖は蘭印內の一年消費高は約二十萬トンで、他はすべて輸出され、こゝにジャワ糖販賣の統制がなされた。

一九三三年一月には、Nivas と稱せられる蘭印砂糖販賣組合を設立し、嚴格なる販賣統制、生產統制をも實施するのであつた。

ゴム

東インドは從來、天然ゴムの産出が多くあつたが、栽培ゴムが、初めて世界市場に現はれたのは、一九〇〇年で、その量は僅かに四噸であつた。

蘭印政府が、パラゴムの栽培を試みたのは一八七六年であり、これはマレー半島よりも遲れた。これが盛大となつたのは、一九一〇年頃から、自動車の發達により、俄かに顯著となつた。

一九一〇年、ジャワにおけるゴム園の數は百五十七園であつたが、一九一四年には四百八園となり外領が二百六十二、合計六百七十四園に激增した。

しかも第一次大戰後、世界的恐慌のため、ゴムに對する世界の需要は著しく減じ、ゴム價は暴落した。かくて英領マレー、蘭印のゴムは世界生産額の約九九%を占めるため、ゴムの生産制限を行はざるを得なかつた。

一九三四年四月、國際ゴム統制委員會を組織し、ゴムの生産制限方法を研究し、同年五月七日、國際ゴム輸出制限協定が結ばれた。

委員會は、一九三四年より五ケ年間、加盟諸國のゴム輸出割當量を決定した。

蘭印政府は、この協定により、法令を出し、エステートゴム生産者に對し、生産量の許可制を布き土民に對しても、特別輸出税を課して、輸出の制限を計つた。

世界のゴム生産高は年約百萬トンであるが、蘭印の生産は年約二十七、八萬トンである。英領マレーに次ぐ世界第二のゴム生産をなす。

ゴム輸出額

	一九二九年	一九三三年	一九三四年	一九三五年
米國	八八、五六七千盾	一一、七七八	二二、九五〇	二五、四〇八
海峡植民地	八三、八七五	一一、六〇四	三〇、九二六	一三、九一五
英國	三二、〇四八	三、〇一八	一三、五七一	一一、二三一
オランダ	一〇、一八九	二、一八八	五、五九六	五、三〇二
日本	二、六一二	二、一七二	四、二六八	四、一三三
ドイツ	四一二	四一二	四、〇一二	三、一五四
合計（其他を含）	二三七、三〇二	三七、二一九	八八、三九九	七〇、〇〇一

第七章　茶

ジャワの茶は一八二六年、日本に派遣せられしオランダ使節ジーボルト（Siebold）が日本より茶の實とその葉をジャワに輸入しバイテンゾルフ植物園において、その栽培を爲したのに始まる。銀行家ヤコブソンは一八二八年、支那の茶種子數種を輸入し、この栽培を奬勵したことが今日の大をなす基礎をなした。

ジャワ茶が歐洲市場にて勢力を得たのは、一八七三年、政府がインドのアッサム茶の種子を輸入しこれを苦心して、ジャワに適する種類を得たからに始まる。今日のジャワ茶は、アッサム茶と支那茶との混合である。

茶の世界産額は、三十七萬トンであるが、そのうち、ジャワ茶は五萬トンで一割四分を占め、セイロン島に次ぐ世界第三位である。

歐洲大戰によるロシア革命は、ロシアにおける茶の需要を大いに減じ、世界の茶業に一大恐慌を與へた。かくて一九二〇年より二一年には茶業は非常なる不況に陥つたが、一九二四年頃より、再び恢復した。

茶の生産過剰を制限するため、一九三二年十二月、茶の輸出制限協定がインド、セイロン、蘭印間に締結された。かくて蘭印茶輸出は一年約一億三千萬ポンドの許可があるが、生産高は右數量を遥かに凌駕するを見る。

煙草

東インドの煙草の起源は、アジアよりの移植であつた。歐洲人が渡航した時には、ジャワの諸地方に土民により煙草が栽培されてゐた。

強制耕作法は煙草と茶とには干渉しなかつたので大いに發展し、歐洲にも盛んに輸出された。ジャワ煙草は一八四七年、ヨーロッパに輸出され、大いに歡迎され、一八四四年には一萬七千梱を産し、一八六九年には九萬九千梱、一八七三年には二十三萬九千梱、價格二千二百萬盾となつた。

スマトラ煙草は、一八六五年アムステルダム市場にて取引され、市價大いに高く、販路も擴大した。

その後、歐洲人が煙草を栽培し、その生産は益〻増大した。

スマトラ煙草は、八千萬ギルダー乃至二千五百萬ギルダーの生産額あり、ジャワ煙草は四千六百萬ギルダー乃至千百萬ギルダーあり、この兩煙草を通じ、エステート煙草の生産額は總産額の三七％、土民煙草は六三％に達する。

規那

規那はもと南米ペルーに產したが、總督シンコンが發見したので、シンコナと呼ばれた。

一八五四年――ジャワのバイテンゾルフの植物園に居つたドイツ人ハスカールが、オランダ政府の依囑にてペルーに渡り、幾度かの苦心の後に五百本の苗木と若干の種子とをバタビアに送り、これをゲデ山の東麓千四百二十九米の高地なるチボダに植付けたるも苗木は長途の輸送に耐へず、過半枯死し僅かに七十五本のみ移植するを得、これが今日のジャワの規那樹の起源である。

オランダ政府は大いにこの栽培に努力し、しかもゲデ山麓の地は風土その生育に適せず、よつてチンジロエンにおいて、海抜千四百六十六米より二千米に亙る土地を選定し、一八五五年より千六百パウの土地を開き、官營規那園を設立し、この事業の創始者は、ドイツ人ユングフーンの大なる力によるものである。

政府は盛んにこれを指導奬勵し、一八七七年よりは、私人の規那栽培業が勃興し、急速なる大發展を遂げた。

今日、ジャワ規那は全世界總産額の九割二分を占めるもので、まさに世界獨占をなすものである。一九三四年には八千六百十一トンに達したが、近年生産過剩と需要不振により大なる打撃を受けた。

コーヒー

コーヒーの原産地は、アフリカの北海岸アビシニアの南端カツフア（Kaffa）であると云はれる。カツフアより英領インドの南端なるマラバル（Malabar）に輸入し、さらにバタビアに移植せられたが、その苗木は洪水のために全部絶滅した。

その後、バタビア附近にて再びコーヒーを試培することとなり、一七〇六年、東インド會社はバタビア産コーヒーの見本とコーヒーの苗木とを本國に輸送しアムステルダム港にある植物園において培養し、次いでその苗は蘭領西インド諸島及び南米地方に撒布せられるに至つた。

東インド會社が始めてジャワ産のコーヒーを歐洲に輸出したのは一七一一年にて、八百九十四封度であつた。それを競賣に附したるに一ポンドに付き蘭貨一盾七仙の高價にて賣却せられ、多大の利益を博した。かくてそれは歐洲にて極めて高價に賣られ、こゝに土民に強制栽培をなさしめ、さらに強制耕作法にて、砂糖とともに激增を計つた。

コーヒーは政府の手によつて栽培せられた時代もあつた。耕作販賣はともに政府が嚴重に干涉し一時は政府の專賣となつた。

東インド會社は今や莫大なる利益を獲得するために土人にコーヒーの栽培を強制せしめた。例へばバタビアを距る遠からざるプレアンガー州にては、土民一家族に付き、最初三百株のコーヒーを栽培せしめ、さらにこれを千株となし、一七二九年にはこれを增して千十株とし、その收穫せるコーヒーの代價はその首長をして部下に分配せしめた。會社の監督及土民の首長は相結託して、この幾分を私服し、土民の受ける報酬は極めて僅少であつた、なほ東インド會社は自らの利益獲得にのみ汲々とし、たゞ歐洲市場の好不況のみを顧慮して、或はコーヒーの植足しをなし、或は結實中のコーヒー樹をも抜き去りて、その收穫を減ぜしむる等、その行爲は極めて非道にて、土民の怨恨を買ふこと大であつた。しかもこれに對し、何ら反省せず、むしろこれを彈壓した。

なほブラジルのコーヒー栽培は、その初めはジャワに遲れたが、十九世紀の中葉以後、急激なる發達を示し、生產過剩となり、このためジャワのコーヒーも苦難の狀態に陷つた。

一八六九年、セイロン島に發生したコーヒー病が、數年後ジャワにも侵入し、各地に蔓延し、コーヒー園は慘澹たる損害を蒙り、まさに枯死せんとする如き狀態であつた。

一八七五年、アフリカよりリベリア種が輸入され、病菌に抵抗力ある如く見えたが、しかも數年後再び病毒に侵され、ジャワのコーヒーは全滅せんとする悲境にあつた。

二十世紀の初、アフリカのコンゴーから輸入せられたコブスタ種が、試植され、病毒に對する抵抗力あり、生長も速かなるため、辛くもジャワのコーヒーはこの絕滅を逃れ、今日の大をなすことを得るのであつた。

古々椰子

高さ六七十尺以上に達する大いなる幹の直立、長さ二十尺以上にも擴がる綠したたる枝葉の蔭、——その間に、枝もたわわに果實は累々と實のる熱帶の王者。土民の生活の基礎をなす。椰子の實の脂肪性果肉を乾燥せるコブラが發明されたのは一八七一年——こゝに歐洲への輸出が始められた。

錫

蘭印における錫は、一七一〇年頃、當時なほスマトラ島のパレンバンのサルタンの領有であつたバンカ島にて初めて發見された。

一八一二年、當時、未だ錫鑛の發見されなかつたビリトン島と共に、英國の領有地となつて、漸く錫採掘がなされ、一八一三年には、約四五〇トン、——一八一六年には一、五五〇トンを產出した。

同年、再びオランダ領となり、以後、蘭印政府によつて採掘は行はれた、この外に、リンガ群島の南部シンテップ島、スマトラ島シアク、リマ・コッタ、リオ群島等にて産出される。

錫は國際限産協定により、年々その生産量が決定される。蘭印の基本割當量は三萬五千七百三十五トンである。

歐洲大戰勃發するや、四〇％から三倍の一二〇％に生産割當が激増し、市價も百瓩當り二二〇盾となつた。

ジャワの錫は世界生産額の約一七％を占め錫收入は蘭印政府の最重要なる財源である。

	生産高	輸出高
一九三六年	三二、一九一千瓩	三一、二二一
一九三七年	四〇、四六二	三九、七六〇
一九三八年	二一、三六〇	二七、七三五
一九三九年	三一、五三二	二八、一一九

石油

一八六三年頃すでにジャワ、マヅラ兩島に石油脈の存在を認めたが、商品として、蘭領の市場に現はれたのは、一八八九年、スラバヤに本店を有するドルッ石油會社（Dordt:che Petroleum Mij）の産品を初めとする。

次でボルネオ東岸及びスマトラ島の東北岸に石油の發見を見るに至つた。ドルッ石油會社は一八八七年、オランダ人、スッド（A. Stood）の創設であり、當初資本金僅かに七萬五千盾に過ぎなかつた。その後、一八九〇年スラバヤ州ジャバコチ地方にて石油採掘權を得るや、資本金を三十五萬盾に增加し、スラバヤ郊外カリマスに沿ふウノコロモ停車場附近に製油所を設け、一八九二年より、普通製油の外、機械油をも製出、これを附近の製糖所に供給し、副產物たるアスファルトはスラバヤ市の道路改修用に供した。

その後一八九三年、スラバヤ州內に大石油坑脈を發見し、その採掘權を得るとともに、隣接地帶たるレムバン州の中部なる一石油坑區の產油の獨占買收の契約を結び、ソロ河畔なる輕便鐵道停車場チープー附近に第二製油所を設け、續いて同地にパラフイン製油場を增設し、その後、一八九六年、附近の坑區を買收するや、さらにスマラン市に第三製油所を設けた。

本會社は、一九〇九年に七十四割、一九一〇年に四十五割の巨額の配當をなした。なほジャワにおける石油業の統制をなすために、一八九七年、別にドルッ石油工業會社を設立し、資本金三千萬盾をもつて、ジャワ東部にある各石油會社の生産原油を買收し、その精油輸送販賣に從事した。

ローヤル・ダッチ石油會社（Royal Dutch Petroleum Co. or kon. ned. mij）

一八九〇年八月十一日に創立され、資本金一億盾、スマトラ、ボルネオ二島の石油業を統轄し、スマトラ島東海岸州石油産地の一なるパンカラン、ブランダン、パレンバン州バユン、レンチイル及びボルネオ島東南部及東北部にあるバリク、パパンの三ヶ所に精油所を設立した。かくて蘭領東インドにおける輸出向石油を支配するに至つた。その産額及び營業に關しては、あくまでも秘密主義によるのであつた。

なほ一九〇七年には、ボルネオ東岸における石油の採集輸送及び販賣を爲す英國資本の代表なるシエル運輸貿易會社（Shell transport and trading Co.）と合同して、バターフス石油會社（Bataafsche Petroleum mij）資本金一億四千萬盾を五株に分ち、オランダのヘーグ市に設け、その營業本部をバタビアに立て、ローヤル・ダッチ石油會社は三株、シェル運輸貿易會社は二株を分有し、スマトラ、ボルネオ二島に產する石油を總轄し、これが輸送はアングロサクソン石油會社の特別監督の下に、バーターフス石油會社、シェル運輸貿易會社、蘭領東インド殖產貿易會社、蘭領東インド・タンク汽船會社所屬船等にて、これを亞歐の各地に輸送し、到着港にて、これをアジアチック石油會社に引き渡し、その地方の狀況に應じて適宜その販賣を爲さしむることとした。こゝに英蘭二國の資本家は緊密なる集團を結成するのであつた。

一九三八年採油量五、二〇六、七〇一噸、全產額の百分比は六二・七%

蘭印の石油產額は、最近十年間の統計にて、世界生產總額の二・一%乃至三・一%である。年產は約七百萬トンである。その埋藏量は一億三千八百萬トンと推定される。しかもその調査は極めて一部のものであり、全地域に對する調査は未だ全く不明である。

今日、油田の主なる地域は、ボルネオの東海岸ブニユー、タラカン、バリクパパン及びその附近の四ケ所、スマトラ西北岸ペルラ、バンカラン・マス、ランタウ、スマトラ南部のジャンビ、パレンバン地方の五ケ所、東部ジャワの北岸グロボ、ダンダン・ギロ、リダの三ケ所、セラム島の東岸ブラの一ケ所。

ニューギネアにては、石油の産出は未だなく、試掘中である。

蘭印には十ヶ所の製油所がある。

これ等は、バターフス石油會社（B・P・M）コロニアル石油會社（N・K・P・M）、蘭英系の半官半民の蘭印石油會社（N・I・A・M）の三ブロックに分れ、――これ等の石油會社の大部分はイギリスのライジングサン會社、アメリカのスタンダート石油會社の支配下にある。

コロニアル會社は百％の米國系で、一九三八年の採油量は一、九九〇、七六七噸であり、全產額の百分比は二三・九％である。

蘭印石油會社は、英國五〇％、蘭印政府五〇％であり、一九三八年の採油量は一、一一四、三〇六噸で、百分比は一三・四である。

蘭印產額石油生產額

	一九三六年	一九三七年	一九三八年
スマトラ	三〇、四六九千バレル	三三、四五二	三四、五三八
ジヤワ	三、六一八	七、一五三	六、九五五

ボルネオ	一三、〇六九	一二、九六〇	一二、八一二
セラム	三七六	五三七	六〇八
總計	四七、五三二	五四、一〇二	五四、九一三

石油及同製品の輸出額

	一九二九年	一九三三年	一九三四年	一九三五年
海峽植民地	七九、六三六千盾	二九、六八二	二八、四八〇	二四、二六五
濠洲	一三、四一八	七、二七九	九、三九六	九、五九八
地中海英領諸島	一七、五〇四	七、四四九	六、三二九	……
日本	八、六九三	四、八二二	五、二四一	七、一三三
支那	一一、三〇二	七、六五三	五、四五六	五、五〇〇
エジプト	二四四	八九九	一、二六六	五、三三八
香港	七、〇四二	四、五七一	四、〇〇四	二、三二六
英國	二、一九八	二、三一七	二、一八〇	一、四七三
合計	一七八、九六七	一〇三、七一二	九八、八四二	八六、四九六

全卷總目次（全百卷）

數字は既刊回數

日本戰史篇　全三十卷

西洋戰史篇　全四十四卷

第二十四卷 ㉓ナポレオン戰爭（上）
第二十五卷 ナポレオン戰爭（下）
第二十六卷 海外植民地戰史
第二十七卷 南北戰爭史・米西戰史
第二十八卷 クリミヤ、露土戰爭
第二十九卷 中米、南米戰爭
第三十卷 ギリシャ獨立
第三十一卷 ④イタリヤ獨立戰史
第三十二卷 インド侵略史
第三十三卷 ⑩普墺戰爭
第三十四卷 普佛戰爭史
第三十五卷 アフリカ侵略・南阿戰爭
第三十六卷 ①歐洲大戰（上）
第三十七卷 ⑫歐洲大戰（中）1
第三十八卷 ⑬歐洲大戰（中）2
第三十九卷 ⑮歐洲大戰（中）3
第四十卷 ⑯歐洲大戰（中）4
第四十一卷 ⑰歐洲大戰（下）1
第四十二卷 ⑱歐洲大戰（下）2

東洋戰史篇 全二十四卷

第一卷 支那上代戰史
第二卷 ⑭春秋時代戰史
第三卷 ⑥支那戰國時代
第四卷 秦始皇統一戰史
第五卷 前漢戰史
第六卷 後漢戰史
第七卷 三國戰史
第八卷 隋朝戰史
第九卷 唐朝戰史
第十卷 宋朝戰史
第十一卷 ②成思吉汗戰史
第十二卷 元朝戰史
第十三卷 明朝戰史
第十四卷 清朝戰史（上）
第十五卷 清朝戰史（下）
第十六卷 朝鮮戰史（上）
第十七卷 朝鮮戰史（下）
第十八卷 インド古代戰史
第十九卷 西域諸國戰史
第二十卷 近代インド戰史
第二十一卷 帖木兒戰史
第二十二卷 ㉔南洋民族侵略戰
第二十三卷 ㉕南洋白人搾取史

世界戰史篇

第一卷 世界戰爭序曲

總觀篇 全十卷

第一卷 原始時代鬪爭史
第二卷 人類經濟鬪爭史
第三卷 人類理論鬪爭史
第四卷 人類自然鬪爭史
第五卷 人類文化鬪爭史
第六卷 人類生活鬪爭史
第七卷 ③人類政治鬪爭史

別册 世界史觀 全三卷

世界興廢大戰史

東洋戰史 第二十三卷 南洋白人搾取史

不許複製 禁轉載

國民版

昭和十六年七月二十五日印刷
昭和十六年七月二十九日發行　定價金貳圓五拾錢

著者　仲小路彰
東京市麴町區有樂町一ノ四

發行者　清水宣雄
戰爭文化研究所

印刷者　中村伯三
東京市麴町區有樂町一ノ十四

印刷所　株式會社大參社
東京市麴町區有樂町一ノ十四

發行所　戰爭文化研究所
東京市京橋區銀座西五ノ五　菊地ビル內

發賣所　世界創造社
會員番號一一四〇一三番
電話銀座(57)五三八九番
振替東京一一六一四二番

配給元　日本出版配給株式會社
東京市神田區淡路町二丁目九番地

巳資紙規第一八五號　東京府規格外許可

著者略歴

仲小路　彰（なかしょうじ　あきら）

明治34年（1901）東京生まれ。父、廉（第３次桂・寺内国内閣の農商務大臣）の次男。

大正６年（1917）第五高等学校入学、大正13年、東京帝国大学文学部哲学科卒

大正11年（1922）東京帝大在学中に、長編戯曲「砂漠の光」を新光社より刊行。

昭和12年（1937）～16年「図説　世界史話大成」全10巻を高志書房より刊行。

昭和13年（1938）～16年「日本世界主義体系」全12巻中６巻を世界創造社より刊行。

昭和13年（1938）～18年「世界興廃大戦史」全121巻中43巻を世界創造社より刊行。

昭和16年（1941）㈶日本世界文化復興会（終戦後、文化建設会と改称）を設立。

昭和19年（1944）山梨県山中湖村に疎開。

昭和20年（1945）「我等斯ク信ズ」を執筆、配布。陸海軍に「承詔必謹」を説き、米ソ冷戦時代を予告し戦後復興の方向を示す。

昭和21年（1946）渋沢敬三・川添浩史等と㈶文化建設会の地球文化研究所設立。

昭和22年（1947）恒久平和確立のため地球主義（グローバリズム）を提唱。

昭和25年（1950）「日本経営計画」を地球文化研究所より刊行。

昭和31年（1956）～34年「ロシア大革命史」全12巻をロシア大革命刊行会より刊行。

昭和43年（1968）「未来学原論」を地球文化研究所より刊行。昭和48年に再刊。

昭和48年（1973）～50年「聖人伝シリーズ」全６巻を地球文化研究所より刊行。

昭和51年（1976）～59年「地球世界芸術史」「地球社会変革史」等を地球文化研究所より刊行。

昭和59年（1984）９月１日、半生を過ごした山中湖村で死去。享年83歳。

南洋《なんよう》白人《はくじん》搾取《さくしゅ》史《し》

2015年11月25日　復刻版第１刷発行　　ISBN978-4-336-05987-1

著　者　仲小路　彰

発行者　佐藤今朝夫

〒174-0056 東京都板橋区志村１-13-15

発行所　株式会社　国書刊行会

TEL.03(5970)7421(代表)　FAX.03(5970)7427

http://www.kokusho.co.jp

印刷・㈱エーヴィヴシステムズ　製本・㈲青木製本

落丁本・乱丁本はお取替いたします。

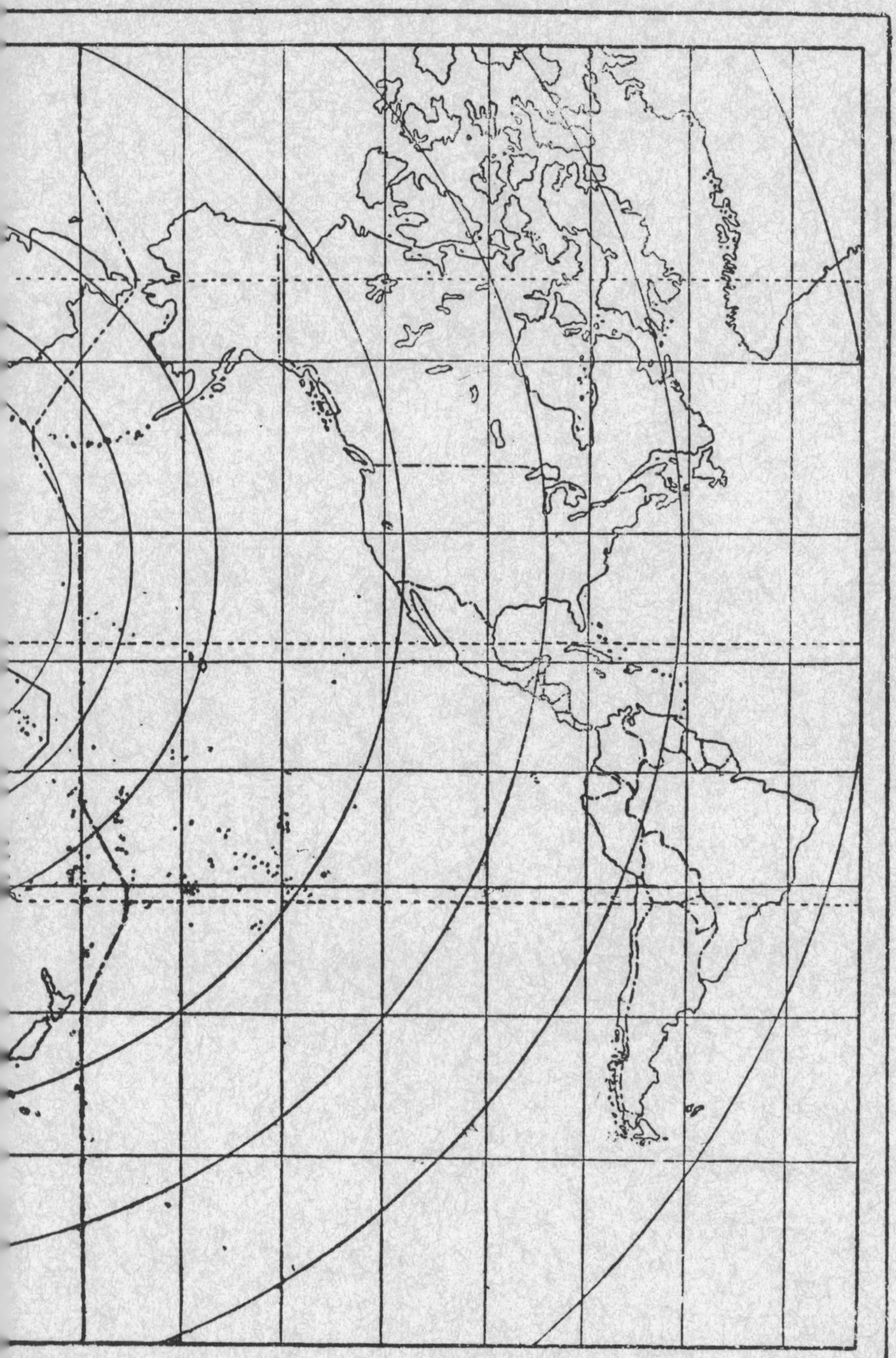